中国冷却塔工业发展史

中国通用机械工业协会冷却设备分会　组织编写

韩　玲　主编

北京工业大学出版社

图书在版编目（CIP）数据

中国冷却塔工业发展史 / 韩玲主编；中国通用机械
工业协会冷却设备分会组织编写. —北京：北京工业大
学出版社，2022.12
　　ISBN 978-7-5639-8502-9

　　Ⅰ.①中…　Ⅱ.①韩…②中…　Ⅲ.①冷却塔—冶金
工业—工业史—中国　Ⅳ.①F426.3

中国国家版本馆CIP数据核字（2023）第015466号

中国冷却塔工业发展史
ZHONGGUO LENGQUETA GONGYE FAZHANSHI

组织编写： 中国通用机械工业协会冷却设备分会

主　　编： 韩　玲

责任编辑： 贺　帆

封面设计： 尹　证　张文玲

出版发行： 北京工业大学出版社

　　　　　　（北京市朝阳区平乐园100号　邮编：100124）

　　　　　　010-67391722（传真）　bgdcbs@sina.com

经销单位： 全国各地新华书店

承印单位： 北京九州迅驰传媒文化有限公司

开　　本： 787毫米×1092毫米　1/16

印　　张： 6.75

字　　数： 82千字

版　　次： 2022年12月第1版

印　　次： 2022年12月第1次印刷

标准书号： ISBN 978-7-5639-8502-9

定　　价： 58.00元

前　言

时光如箭，日月如梭，经过 60 多年的工业化进程，我国从一个人口众多、经济落后的农业大国，发展成为一个工业门类最齐全、供应链最完整的国家。

冷却塔是用于工业循环水冷却的主要设备或构筑物之一，循环冷却水是工业系统的血脉。伴随着工业化的进程，我国的冷却塔设备与技术也走过了一个甲子，从无到有，从有到好，从好到精，从精到新，蓬勃发展。其间也遇到了一些困难、一些问题、一些彷徨，但中国冷却塔技术一直在前进。

在中国冷却塔技术发展的进程中，许多企业与个人做出了很大的贡献。随着历史的发展，有些原本很红火的冷却塔设备制造企业被后来者超越，淡出历史舞台；有些做出巨大贡献的冷却塔科技工作者已经作古。无论如何，这些企业与个人都是中国冷却塔技术发展长河中美丽的浪花，历史应该记住他们。

为此，几年前，中国通用机械工业协会冷却设备分会就筹备编写《中国冷却塔工业发展史》，以期记录中国冷却塔技术的发展历程。现在，这本书终于成稿，呈献给业界同人。

在编写过程中，协会虽然尽最大努力，多方搜集史料，但由于机构变动，许多见证人、企业都已物是人非，因而收集到的资料不够全，也因此存在记述不够全面、记录不够完整的问题，望读者批评指正。

本书由韩玲主编，李志悌、赵顺安、尹证审阅。在资料收集和编写过程中，得到了陆振铎、李志悌、王敬、胡三季、任世瑶、李德兴、徐祖根、王进友、赵顺安、杨国栋、章立新、尹证等人士以及众多会员单位的大力支持和帮助，谨致以诚挚的感谢。文中图和照片未注明出处者皆取自国家标准《工业循环水冷却设计规范》（GB/T 50102—2014）相关专题调研报告，在此向原作者致敬并表示感谢。

冷却塔研究会首任会长　韩　玲

目　录

第1章 绪 言

我国是淡水资源匮乏的国家，据《中国水资源公报》显示：2021年我国水资源总量约为 30 000 亿 m^3，人均淡水资源占有量约为 2 125 m^3，仅为世界人均占有量的 1/4，且水资源分布极不均匀。据水利部统计，全国 669 个城市中有 400 多个城市供水不足，110 个城市严重缺水。

随着工业的迅速发展、人口的不断增长、城市化进程的飞速发展，人们已经意识到，水不再是取之不尽、用之不竭的资源。水资源严重短缺已成为制约我国经济和社会发展的重要因素。

在工业用水中，冷却用水占工业用水量的 60% ~ 70%，其中石油、化工领域的冷却用水约占工业用水量的 90%，火力发电及核能发电领域的冷却用水甚至占到了工业用水量的 95% 以上。20 世纪中叶及之前，工业冷却水多采用直流冷却水，不仅浪费了水资源，而且大量排放的冷却水会导致水环境的热污染。

冷却水的循环使用是在不改变工艺路线的条件下，通过设置冷却设施，将直流冷却水变为循环冷却水。数据显示，冷却水系统消耗的天然水量仅为循环冷却水总量的 3% ~ 5%，大大减少了天然水的消耗。

　　最初的循环冷却水冷却方式为喷水冷却池或水面冷却池，这两种冷却方式需要占用大量的土地，靠自然水面蒸发及与空气之间的热传导进行冷却，冷却效率很低。随着冷却塔的出现，循环水冷却设备的冷却效率得到了较大提高。

　　冷却水和空气直接接触的冷却塔是湿式冷却塔。湿式冷却塔降低水温的基本原理是利用水的表面蒸发向空气中散发潜热，同时利用水和空气之间的温度差，借助热传导向空气传递显热。

　　冷却水和空气间接接触的冷却塔称为干式冷却塔，或称空冷塔，水温的降低完全靠热传导。

　　世界上第一座自然通风冷却塔于 1904 年建造于法国瓦朗谢纳市，塔高仅 25 m，形状似花瓶。第一座双曲线型自然通风冷却塔于 1916 年建造于荷兰伊特尔松，塔高 35 m。1919 年又出现了木外壳钢结构的横流式冷却塔。此后机械鼓风式冷却塔流行了将近 10 年，由于机械鼓风式冷却塔出口风速较低，排出的近饱和的潮湿空气很容易受外界环境影响而回流到冷却塔内，降低了冷却效率，因此，20 世纪 30 年代末出现了机械抽风式冷却塔。与机械鼓风式冷却塔相比，机械抽风式冷却塔有许多优点：冷却塔出风口风速较高，降低了湿空气回流的可能性；塔内气流分布更加均匀，提高了冷却塔的效率；塔顶部抽风形成塔内负压，使得对冷却塔围护构造的密封性要求大大降低。

　　关于冷却塔的水与空气热、质交换理论，1925 年之前，冷却塔的热力计算是分别求出水与空气之间的显热和潜热的传递，由于状态参数很多，必须做各种有条件的假定，计算工作繁杂，精度也不够高。1925 年，麦克尔提出以焓差作为传热的推动力，给出热焓平衡及焓差方程式，为冷却塔的热力计算奠定了理论基础。第二次世界大战后，随着工业恢复发展，冷却塔技术也相应地得到迅速发展，麦克尔的理论与公式也受到了相应的重视。

早期的冷却塔如图 1-1 所示。

图 1-1　早期的冷却塔

我国对自然通风冷却塔的使用起步较晚。最早出现的一批自然通风冷却塔是在 20 世纪 30 年代的东北地区。1936 年 6 月，我国第一座钢筋混凝土双曲线型自然通风冷却塔建于辽宁抚顺发电厂。该塔在 1976 年海城地震时倒塌，整整服役了 40 年。至 1949 年年末，仅在我国东北地区建成的钢筋混凝土双曲线型自然通风冷却塔就有 30 多座，绝大多数用于火力发电。

从 20 世纪 50 年代开始，我国相关工业使用冷却塔经历了从无到有，进而蓬勃发展的阶段，大致可划分成启蒙的 50 年代，探索的 60 年代，厚积的 70 年代，蓬勃发展的 80、90 年代，以及迎接新挑战的 21 世纪。

第2章 启蒙的20世纪50年代

在20世纪50年代，中国冷却塔的设计、制造与使用都处在学习、发端阶段，可查找和参阅的冷却塔文献极少。工程设计计算中，主要是根据需要处理的冷却水量，查阅苏联的冷却塔标准设计图和相应的选用曲线。

2.1 机械通风冷却塔

机械通风冷却塔在石油、化工、冶金、纺织等工业部门使用较多。中华人民共和国成立初期，与其他工业设备一样，机械通风冷却塔也是全面引进苏联的设备与技术。当时的机械通风冷却塔多数是木制点滴式淋水填料的横流塔：淋水填料是木板条；采用池式配水；使用瓷质、有棱角的溅水碟与管嘴；叶片材质为铝合金；采用蜗轮蜗杆减速机传动，单速或双速电动机。

1950年至1960年，我国建设的一些火电厂的发电机组多是从苏联引进的成套设备，也有少数火电厂如河北唐山电厂和山东南定电厂的发电机组是从捷克斯洛伐克引进的成套设备，发电机组的单机容量较小，多数是 6 000 kW、12 000 kW 以及 25 000 kW。少量的 50 000 kW 机组是从罗马尼亚引进的，例如辽宁发电厂。其中有一些电厂机组使用循环冷却水系统，采用的冷却设备主要是喷水池或配直径 4.7 m 轴流风机的逆流机械通风冷却塔，采用槽式配水，使用瓷质、有棱角的溅水碟与管嘴，淋水填料绝大多数是点滴式木板条。

2.2　自然通风冷却塔

自然通风冷却塔多用于电力系统。20 世纪 50 年代，我国从苏联引进的发电机组中有些采用循环冷却水系统，如长春第一汽车制造厂动力分厂 12 000 kW 抽气机组，原设计采用的冷却设备是多边形自然通风冷却塔，塔体为金属骨架、红松木板围护结构，淋水面积约为 400 m²，塔总高为 35 m。塔内配水槽为木质结构，喷溅装置为瓷喷嘴、瓷溅碟，淋水填料为点滴式红松木板条，填料装填高度为 2.5 m。

当时，苏联向我国提供了莫斯科电力设计院及列宁格勒水电设计院的设计参考资料，其中自然通风冷却塔方面有设计手册及设计参考图。参考这些资料，经多年设计运行实践与改进，相关设计方法一直沿用至 20 世纪 60 年代。

我国自行设计的第一座双曲线型自然通风冷却塔为华北电力设计院设计的郑州热电厂自然通风冷却塔，淋水面积为 1 000 m²、高度为 50 m，填料为木板条。设计主要参考了当时仅存的部分苏联设计的冷却塔图纸。20 世纪 50 年代，我国只能建造淋水面积为 500 ～ 1 500 m²、高度为 45 ～ 60 m 的双曲线型自然通风冷却塔。

第3章 探索的60年代

3.1 基础工作

20世纪60年代，我国的冷却塔设计工作者经过探索思考，开始走自己的路。一些有关冷却塔的文章、著作开始出现。1964年，苏联的格拉特柯夫等著的《机械通风冷却塔》俄文第一版在莫斯科出版，当年10月传入我国。该书阐述了冷却塔内水和空气的热、质交换理论，机械通风冷却塔的空气动力理论，塔的热力和空气动力计算方法及例题，塔体的几何尺寸关系，配水系统的布置等问题。该书给当时我国从事机械通风冷却塔的设计工作者提供了参考。

1965年，中国工业出版社出版发行了华北电力设计院胡伦桢等翻译的苏联别尔曼所著的《循环水的蒸发冷却》一书。同年，北京有色冶金设计院出版了由中小型冷却塔通用设计编制组姚国济等编写的《中小型冷却塔设计与计算》。如图3-1所示。

这三本书对推动我国冷却塔技术的发展，起到了指导作用。

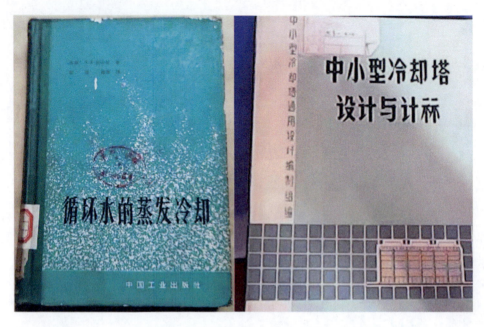

图 3-1　20 世纪 60 年代我国出版发行的中文版冷却塔方面的著作

3.2　填料的研发

由于当时广泛用于塔内的红松木板条型点滴式淋水填料耗费木材、易腐烂、冷却效率低，不符合我国国情，因此，20 世纪 50 年代后期及 60 年代初期，有些新建塔，或一些经过若干年运行、木板条淋水填料损坏的塔，淋水填料改为石棉水泥板条或钢筋水泥板条。这样做虽然解决了耗费木材、填料易腐烂的问题，但是淋水填料冷却效率低的问题一直困扰着我国广大冷却塔设计和运行维护人员。

20 世纪 60 年代中期，上海第六制药厂以荣敬安为首的技术人员开发了塑料点波淋水填料，当时没有条件对新型淋水填料的热力和阻力性能进行模拟塔测试，便将研制出的新型填料直接换装在该厂的机械通风冷却塔内，在实际运行中测试其冷却效果。实际运行表明，新型塑料点波淋水填料提高了塔的冷却能力，取得了较好的效果。上海第六制药厂是我国较早开展冷却塔淋水填料创新研究的单位，尽管研制条件简陋，但是研究人员的成功博得了众多从事冷却塔设计、运行人员的赞扬、学习和仿效。

同一时期，中国石化洛阳设计院也开发了聚乙烯塑料格网板。

这些探索与发现，终因当时的中国缺少聚氯乙烯、聚乙烯等基本有机化工原料而不能推广应用。

遵照国家科委和水利水电部在 20 世纪 60 年代制定的《电力工业十年发展规划》的要求，1963 年，西安热工研究所、西北电力设计院、西安灞桥电厂、西北电建四公司共同组成研究小组，对冷却塔的淋水填料开展了试验研究。同年，灞桥电厂建立了两座并列相同的模拟试验冷却塔。利用这两座试验塔，研究测试了用以替代木板条的不同断面形状（矩形、梯形）、在塔内不同布置方式的石棉水泥板条的热力及阻力特性。此后，研究小组进行了骨架为钢丝网的水泥板条、纸蜂窝、塑料波纹以及纸波纹等淋水填料的试验。自 1968 年开始，还对河南新乡电厂、郑州热电厂、辽宁抚顺电厂、兰州西固电厂、太原第二电厂等的机械通风冷却塔进行了现场测试，取得了丰富的实测资料。

20 世纪 60 年代末至 70 年代初，我国电力系统中无论是机械通风冷却塔，还是自然通风冷却塔，都曾推广应用酚醛树脂浸渍纸蜂窝型淋水填料。

为了研究冷却塔淋水填料的新材料和新形式，1965 年，东北电力设计院在电力工业部电力建设总局、长春第一汽车制造厂动力分厂、吉林火电二公司的支持下，在一汽热电厂内露天建造了鼓风式双列钢结构冷却塔淋水填料模拟试验装置。每列装置的平面尺寸为 1.4 m × 1.4 m，高度为 14 m。从 1966 年 5 月开始，利用这两列模拟试验装置研制了酚醛树脂浸渍纸蜂窝型淋水填料（简称蜂窝淋水填料）。蜂窝淋水填料的淋水通道为蜂窝形直通道，通道截面是正六边形，孔径为 19 mm，单块填料高为 10 cm，装填高度为 0.8 ~ 1.2 m。通过对填料不同装填高度试验结果进行分析，推荐填料装填高度为 1.0 m。在模拟塔试验的基础上，1969 年秋，蜂窝淋水填料首先换装在山东南定热电厂的一格风机直径为 4.7 m 的逆流机械通风冷却塔内，塔的平面尺寸为 8 m×8 m。该塔原装的淋水填料为高 3 m 的点滴式木板条，换装的蜂窝淋水填料高度为 1.0 m。1970 年夏秋两季，东北电力设计院对该塔进行了热力性能测试，1971 年又对白杨河发电厂风机直径为 8 m、塔的平面尺寸为 14 m×14 m、蜂窝淋水填料高为 1.0 m 的逆流式机械通风钢筋混凝土冷却塔进行了淋水填料热力性能测试。两个塔的测试结果表明蜂窝淋水填料的冷却效果达到了设计要求。

1968 年 11 月，东北电力设计院发表了《冷却塔蜂窝淋水装置的模拟塔试验研究报告》；1969 年 9 月，上海市建筑科学研究所、东北电力设计院、华东电力设计院共同发表了《冷却塔淋水用纸蜂窝的研究》；1970 年年末，东北电力设计院发表了《冷却塔蜂窝淋水装置的试验研究总结报告》。这三个试验研究报告详细给出了不同安装高度蜂窝淋水填料的热力和阻力特性，蜂窝淋水填料的加工方法及材料、材质，促进了蜂窝淋水填料的广泛应用。

蜂窝淋水填料虽然质量轻、易安装、冷却效果较好，可替代木制淋水填料，但是制作蜂窝骨架的浸渍纸仍需木浆纸，并未做到彻底不使用木材；同时，蜂窝淋水填料还存在树脂的浸渍固化质量不易保证、填料长期淋水冲刷容易造成表面树脂脱落、在运输安装过程中边缘易破碎、防火性能差等问题。20 世纪 60 年代末，陕西秦岭发电厂一期工程中的机械通风冷却塔使用了蜂窝淋水填料，在电焊作业时，火星飞溅到填料上引起火灾，致使全塔填料顷刻间被烧毁。

蜂窝淋水填料对循环水的水质要求较高，当循环水的水质较差时易在蜂窝孔内结垢，严重时甚至堵塞蜂窝孔，增大气水阻力，影响塔的冷却效果。结垢严重时，由于填料的自重荷载增加，还会造成填料坍塌坠落，山东白杨河发电厂的一格塔曾发生过此类事故。此外蜂窝淋水填料由于质量轻、体积大，不便于运输。蜂窝淋水填料的上述缺点使得其推广受限，逐渐被水泥网格板和塑料淋水填料取代。

3.3 机械通风式冷却塔

20 世纪 60 年代，石化系统有关设计院编制了 64 m^2 机械抽风逆流点滴式冷却塔及 16 m^2、60 m^2 机械鼓风逆流点滴式冷却塔通用图，大大促进了机械通风冷却塔在中国石化系统中的推广应用。但这时的冷却塔通用图，由于受材料与通风设备的限制，技术水平偏低，冷却塔框架都是钢筋混凝土，淋水填料、收水器只能用钢筋水泥板条或石棉水泥板条，热效率低、阻力大，填料高度高；采用管式配水，配水喷头为杯式或瓶式，配水压力高且不均匀，中空严重。由于上述冷却塔建筑结构与材料的限制，这个时期的冷却塔塔体都非常高大，能耗较高。

1965 年，东北电力设计院为黑龙江北安发电厂设计扩建工程，在调查研究唐山电厂的机械通风冷却塔（由捷克斯洛伐克设计）的基础上，设计了淋水面积为 70 m^2 的机械通风逆流冷却塔，塔体为钢筋混凝土结构，风机直径为 4.7 m，淋水填料采用钢筋水泥板条，槽式配水，瓷碟、瓷喷嘴溅水。

3.4 自然通风冷却塔

20 世纪 60 年代中期至 70 年代中期，由于国家的重要工业建设贯彻执行"靠山、分散、隐蔽"的建设方针，在我国电厂建设中很少采用高大的自然通风冷却塔，大多采用风机直径分别为 4.7 m、8.0 m、12.5 m 的机械通风冷却塔。20 世纪 60 年代建造的山东黄台电厂自然通风冷却塔淋水面积为 2 000 m^2，塔高为 70.15 m；同一年代，在辽宁抚顺电厂、阜新电厂，黑龙江鸡西电厂等地也相继建设了一批淋水面积为 1 500 m^2、塔高为 55 m 及淋水面积为 2 000 m^2、塔高为 70 m 的逆流式双曲线型自然通风冷却塔。

第4章　厚积的70年代

4.1　引进冷却塔技术

20世纪70年代初，为了解决农用化肥问题，中央批准引进13套年产30万吨合成氨的大化肥项目，在引进合成氨生产工艺的同时，也引进了冷却塔技术。当时13套大化肥项目引进的主要是来自三个国家的三个公司的冷却塔及冷却塔技术：从美国马利公司引进的马利 –600型木结构点滴式横流塔，它的淋水填料分为M型塑料填料和木制板条填料两种，风机直径为8.53 m，单塔处理水量为3 000 m³/h；从日本东洋宇部公司引进的钢结构薄膜式冷却塔，淋水填料为塑料多波型，风机直径为8.47 m和7.7 m两种，单塔处理水量分别为3 000 m³/h和2 000 m³/h；从法国赫尔蒂公司引进的钢筋混凝土结构逆流点滴式冷却塔，淋水填料为100 mm×50 mm塑料格网，风机直径为9.14 m，该塔塔体高大，单塔处理水量为4 200 m³/h。

继13套大化肥项目之后，武汉钢铁公司在引进1.7 m轧机时又引进了德国的冷却塔。

20世纪70年代末,镇海石化工程股份有限公司、中国石油宁夏化工厂又同时引进了日本神钢的横流冷却塔。

此外,20世纪70年代初,我国从日本新和公司进口了两套冷却塔,一套在天津,另一套在上海江桥的蔬菜冷库。之后,商业部又在吴淞冷库进口了2台250冷吨的冷却塔,该塔采用双风机抽风来满足排风量的要求。

20世纪70年代,我国引进的部分冷却塔及其相关技术参数见表4-1和表4-2。

表4-1 20世纪70年代我国引进的部分冷却塔及相关技术参数

序号	引进单位	技术来源	风机直径/m	格数
1	云南天然气化工厂	美国马利	8.534	7
2	贵州赤天化桐梓化工有限公司			
3	四川泸天化股份有限公司			
4	河北省沧州化肥厂			
5	巴陵石化洞庭氮肥厂			
6	中国石化湖北化肥厂			
7	辽河化肥厂			
8	大庆石化化肥厂			
9	四川化工厂	日本东洋宇部	8.47	5
10	四川化工厂		7.7	5
11	齐鲁石化胜利第二化肥厂		8.47	5
12	齐鲁石化胜利第二化肥厂		7.7	5
13	安庆石化化肥厂	法国赫尔蒂	9.144	6
14	广州石化化肥厂			
15	南京栖霞山化肥厂			

续表

序号	引进单位	技术来源	风机直径 /m	格数
16	镇海化肥厂	日本神钢	8.534	9
17	山西化肥厂		8.534	9
18	新疆化肥厂		8.534	7
19	银川化肥厂		8.534	6
20	昆明三聚磷酸钠厂	西德伍德	3.18	4
21	辽阳化纤	法国哈蒙	9.144	10
22	武钢连铸车间	西德 DSD	8	4
23	武钢冷轧厂		8	2
24	武钢硅钢厂	日本栗田	7.7	3
25	武钢热轧厂	日本千代田	7.7	2
26	武钢热轧厂		7.7	4
27	武钢热轧厂		7.7	3
28	宝钢制氧站	日本神钢	5.49	4
29	宝钢炼铁厂	新日本株式会社	8	3
30	宝钢焦化厂		4.5	2
31	宝钢焦化厂		8.2	2
32	宝钢冷轧厂	西德台马克	8	3
33	宝钢无缝钢管厂	美国马利	4.27	7

表 4-2 20 世纪 70 年代引进的部分冷却塔主要参数

塔型	单塔处理水量 / （m³/h）	风机参数	填料	收水器
马利 -600	3 070	直径为 8.53 m，FRP 材质叶片	M 板，PVC 材质，$2.412\lambda^{0.7}$	木质双层鱼骨式板条
法国哈蒙逆流塔	3 000	直径为 9.144 m，叶片数量为 3 片，FRP 材质	PPC 栅格	波形石棉水泥
法国赫尔蒂逆流塔	4 200	直径为 9.144 m，叶片数量为 10 片，FRP 材质	PPC 栅格，$2.318\lambda^{0.600\,57}$	"【"形塑料板条
日本东洋横流塔	2 490	直径为 8.47 m，叶片数量为 8 片，铝合金材质	PVC 平直波，$2.38\lambda^{0.283}$	直折角嵌入型
日本栗田横流塔	1 500	直径为 7.7 m，叶片数量为 8 片，防腐铝合金材质	PVC 平直波	单排木板条嵌入型

注：λ 为气水比。

引进的冷却塔在中国冷却塔界激起了层层浪花，尤其是马利公司的冷却塔对我国冷却塔技术的应用与发展影响巨大，当时掀起了一股横流式冷却塔热潮。

引进的冷却塔投入运行以后，全国化工给排水设计技术中心站分别于 1973 年 4 月、1975 年 10 月、1976 年 2 月，针对引进冷却塔技术的消化吸收，专门召开了冷却塔设计工作座谈会，多次组织有关设计、研究与运行管理方面的技术人员，对国内运行的直径分别为 4.7 m、6.0 m、8.53 m、9.2 m 的风机逆流式或横流式冷却塔进行了测试，组织对引进的冷却塔进行处理能力标定。

1977 年 7 月，他们对四川化工厂引进的日本东洋公司的冷却塔进行了标定。1978 年 8 月，对云南天然气化工厂引进的美国马利公司的冷却塔进行标定。1979 年 7 月，对安庆化肥厂引进的法国赫尔蒂公司的冷却塔进行标定。

　　测试结果表明，除美国马利公司的马利 –600 型冷却塔达到设计处理能力外，其余均未达到设计处理水量，其中法国赫尔蒂公司的冷却塔处理水量仅为 2 700 m³/h，未达到设计处理量的 70%。为此，我国向法国赫尔蒂公司提出索赔，相关引进单位每家都获得了赫尔蒂公司赔偿的 3 台风机，这是中国第一次成功向国外冷却塔供货商索赔的案例。

　　这次有组织的冷却塔测试，对中国机械通风冷却塔技术的发展起到了很大的促进作用。

　　图 4–1 所示为冷却塔水温测试的现场。

图 4–1　冷却塔水温测试的现场

4.2　机械通风冷却塔技术研发

1970 年，国家建委批准筹建中小型冷却塔试验研究小组，主要参加单位和人员有华东建筑设计院周光亮、梁文耀，六机部九院曹链，上海化工设计室李德兴等。此后，一机部四院成立了以傅敬远、周长西为主的圆形玻璃钢冷却塔设计小组。北京商业部设计院成立了方形逆流塔研制组，并以上海沪南冷库作为试验基地，上海方面的代表是季美舫工程师。当时，由上海冷却塔科研小组设计生产的中小型冷却塔应用在上海制药二厂。中小型冷却塔试验研究小组开展的工作，对我国机械通风冷却塔研究、设计、制造和应用起到了带头作用。

1975 年，建委标准所召开了全国冷却塔第一次工作会议，国内电力、石油、化工、石化、建筑、冶金等行业知名院所的相关人士参加了会议。会上交流了引进冷却塔情况，讨论了中小型冷却塔试验装置设计方案。会议决定，由上海工业建筑设计院周光亮牵头，在上海胶鞋二厂筹建冷却塔试验装置，并尽快开展冷却塔试验研究工作；由西安冶金建筑学院王大哲主编冷却塔测试方法，统一冷却塔验收测试标准。

会后，各承担任务的单位卓有成效地开展了工作，分别于 1977 年在广州、1978 年在北京召开了冷却塔技术交流会，会上，中小型冷却塔试验研究小组汇报了研究成果：淋水填料性能测试报告，配水喷头性能测试报告，进水温度、进塔空气湿球温度对淋水填料散热冷却数的影响，逆流式冷却塔塔型研究等，审查了工业冷却塔测试方法等。这些成果对机械通风冷却塔产业的发展起到了重要的奠基作用。

为了促进机械通风冷却塔在电力系统的应用，1969 年，水电部和机械部联合向沈阳鼓风机厂下达了机械通风冷却塔用风机的研制任务，此项任务由东北电力设计院配合。沈阳鼓风机厂成立了由常继福工程师为首的研制小组，该小组在收集分析了当时国内外已有的机械通风冷却塔用风机的基础上，提出了适用于我国的抽风式机械通风冷却塔用轴流风机系列，推荐的风机直径分别为 4.7 m、6.3 m、8.0 m、10 m、12.5 m、16 m、20 m。为了配合东北电力设计院设计的辽宁朝阳发电厂新建的两台单机容量为 200 MW 的汽轮发电机组，一台机组配一座逆流式机械通风冷却塔的需要，并赶超当时世界上已有的冷却塔用风机叶轮直径为 19.80 m 的水平，确定先行研制叶轮直径为 20 m 的风机。此型风机于 1972 年秋在沈阳鼓风机厂整装试运成功。1973 年春，这台风机被安装在辽宁朝阳发电厂已建成的逆流机械通风冷却塔上。该塔为钢筋混凝土薄壳结构，塔体平面为圆形、立面为箕舌线形，塔的淋水面积为 1 520 m^2，塔底直径为 49.8 m，地面以上塔高为 32 m，淋水填料为酚醛树脂浸渍纸蜂窝型，填料高为 1.2 m，设计冷却水量为 28 000 m^3/h，冷却水温差为 8.9 ℃。图 4-2 所示为风机直径为 20 m 的逆流机械通风冷却塔剖面图。

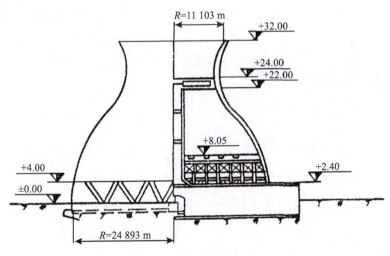

图 4-2 风机直径为 20 m 的逆流机械通风冷却塔剖面图

该塔自 1973 年投入运行后，经多年运行测量，夏季冷却水温均达到设计要求。目前国内外尚无其他工程的逆流式机械通风冷却塔单塔单风机规模超过该塔，其风机直径亦为世界最大。该塔在 2005 年因电厂扩建而拆除。

沈阳鼓风机厂在研制 20 m 叶轮直径风机的同时，也应我国电力建设的需求，同期研制了叶轮直径为 8 m 和 12.5 m 的冷却塔用风机。

1973 年，由西北电力设计院设计、在陕西秦岭电厂建造的 5 格毗连的矩形逆流式机械通风冷却塔，每格淋水面积为 500 m^2，风机直径为 12.5 m，淋水填料为酚醛树脂浸渍纸蜂窝型。每格塔冷却水量为 7 220 m^3/h。这也是目前单风机矩形塔单格塔冷却水量最大的逆流机械通风冷却塔。

同一时期，河南电力设计院设计了丹河电厂 4 格正八边形横流式机械通风冷却塔，每格塔的淋水面积为 374 m^2、风机直径为 12.5 m、冷却水量为 9 500 m^3/h。该塔 1981 年投入运行。这是目前多边形塔单格单风机冷却水量最大的横流机械通风冷却塔。

此外，同一时期国内一些电厂还建设了相当数量的风机直径为 8 m 的逆流机械通风冷却塔，如山东白杨河电厂、辽宁凌源电厂、辽阳化纤厂自备电厂等。

4.3　自然通风冷却塔技术研发

20 世纪 60 年代中后期，我国已经可以自行生产单机容量分别为 100 MW、125 MW 和 200 MW 的汽轮发电机组。为了配合这些机组对循环水冷却塔的需要，1970 年，电力规划设计院成立了大型冷却塔设计组，首先开展了配山东辛店电厂单机容量为 125 MW 机组、淋水面积为 3 500 m^2 的自然通风逆流冷却塔的施工图设计，淋水填料采用 16 层水泥格网板。同期，还开展了配单机容量为 100 MW 及 200 MW 机组冷却塔的系列设计工作，对之后我国自然通风冷却塔的发展起到了引领作用。1974 年，山东辛店发电厂建成了两座淋水面积为 3 500 m²、高度为 90 m 的冷却塔。同年，山东烟台电厂建成了淋水面积为 3 000 m²、高度为 75 m 的冷却塔。1975 年至 1976 年，辛店发电厂又为扩建的两台单机容量为 200 MW 的机组建成了淋水面积为 4 500 m²、高为 105 m 和淋水面积为 5 000 m²、高为 115 m 的冷却塔各一座。

在我国电力系统中，在逆流式自然通风冷却塔规模不断扩大的同时，横流式自然通风冷却塔也逐步发展。在中南电力设计院、河南省电力设计院等有关单位的努力下，1976 年，河南长葛电厂建造了第一座试验性横流式自然通风冷却塔。1978 年，河南省电力设计院在开封电厂设计建成了我国第一座较大型的横流式自然通风冷却塔，淋水面积为 1 750 m²、塔高为 90 m。运行情况表明，在相同机组容量下，横流式自然通风冷却塔比逆流式冷却塔的建设费用节省 10% 左右。该塔建成后，于 1980 年进行了夏季热力性能测试，测试结果证明，实际冷却效果与设计冷却效果相符，满足运行要求。此后又陆续在吉林浑江电厂、河南焦作电厂、杭州半山电厂、山西永济电厂、唐山华润电厂、北京第三热电厂等工程中建设了一批淋水面积为 1 250 ~ 1 900 m² 的横流式自然通风冷却塔。1983 年，由湖南省电力设计院设计，淋水面积为 2 500 m²、塔高为 110 m 的横流式自然通风冷却塔在湖南金竹山电厂建成。1985 年夏季，由东北电力设计院、中国水利水电科学研究院冷却水所、华北电管局北京中心试验所组成测试组，对该塔进行了测试。测试结果表明，该塔的冷却能力达到了设计要求，为我国最大的双曲线型横流式自然通风冷却塔。

鉴于 20 世纪 60 年代英国渡桥电厂发生冷却塔倒塌的事故，电力规划院委托北京大学力学系开展冷却塔结构计算研究，获得了冷却塔的风阻系数、塔筒表面粗糙度等研究成果，提出了塔应力有限元设计计算方法，并编制了电子计算机程序且一直沿用至今，该程序在国际上也是领先的。

过去冷却塔业界普遍认为，在我国，自然通风冷却塔应用不能过长江。长江以南因气温高、湿度大，自然通风冷却塔难以达到设计的冷却效果。为了改变这一认识，在电力规划设计院和广东省电业管理局的支持下，在广东茂名电厂扩建工程中，中南电力设计院设计了一座淋水面积为 3 500 m² 的逆流式自然通风冷却塔，淋水填料为 16 层水泥网格板。该塔建成后，1979 年和 1980 年连续两年进行了夏季冷却能力测试，测试结果达到了设计要求。此后在我国长江以南各省区陆续建设了一批自然通风冷却塔。

同一时期，西安热工研究院卢文达、周良茂团队在电力规划设计院和广东茂名发电厂的支持下，在广东茂名发电厂新建的淋水面积为 3 500 m²、塔高为 90 m 的冷却塔附近建设了一座高度为 100 m 的钢结构测风塔，并在冷却塔风筒壳体施工中预埋了感应片，开展了对高大自然通风冷却塔风筒风压分布规律的研究。这项研究成果修正了以往自然通风冷却塔塔筒结构设计中惯用的罗比锡风压分布曲线。

4.4 填料的研发

1. 水泥格网板时代

20 世纪 70 年代中后期，我国冷却塔的淋水填料以水泥格网板为主，一大批以水泥格网板为淋水填料的冷却塔出现在电力、石油、化工、冶金等工厂。采用的风机直径有 4.7 m、8.0 m、8.53 m 和 9.75 m。一些设计单位还设计了冷却塔通用图,一直延续使用到 20 世纪 80 年代初。

水泥格网板淋水填料是 20 世纪 60 年代后期,由河北唐山电厂和华北电力设计院研制成功的。最初用于由捷克斯洛伐克设计的唐山电厂机械通风冷却塔淋水填料的改造,该塔原安装的淋水填料是点滴式木板条,由于年久失修,多已损坏。如果仍然更换为木板条填料需要耗费大量的木材。由于水泥格网板材料来源广、强度高、耐高温、使用年限长、热力及阻力性能较好,很快得到了一些冷却塔设计单位的关注。20 世纪 70 年代,对水泥格网板性能的研究和加工方法的创新同时展开。水泥格网板诞生初期,层距是 250 mm,采用 12 层安装方式。此后东北电力设计院、中国水利水电科学研究院、西安热工研究院都进行了模拟塔和工业原型塔的大量测试研究工作,确定了水泥格网板淋水填料的热力与阻力性能。其中东北电力设计院根据模拟塔和工业原型塔的大量测试结果推荐的 G16-50×50-50-4800 的布置方案性能最好,填料在塔内的布置为 16 层格网板、层间间距为 50 mm、填料总高度为 1.55 m、尾部冷却高度为 4.8 m,其冷却数方程为:$N=1.981\lambda^{0.5}$,阻力为 60 ~ 70 Pa。该型填料格网孔为方孔,孔长、宽、高尺寸均为 50 mm,孔的上下面不同,上溅水面边宽为 8 mm、厚为 5 mm,下面边宽为 5 mm,格网板长、宽、高尺寸分别为 1 200 mm、500 mm、50 mm。

1975 年,东北电力设计院发表了《冷却塔水泥格网板淋水装置试验研究报告》,总结了模拟塔和工业塔的测试结果。

1975 年,电力部电力规划设计院组织了以西安热工研究院为主,由水利水电科学研究院、山东电力中心试验研究所、西安冶金建筑学院、中南电力设计院和东北电力设计院参加的冷却塔联合测试组,对山东辛店电厂的淋水面积为 3 500 m² 的自然通风冷却塔进行了热力性能测试。该塔用于一台 125 MW 发电机组的循环水冷却。塔内安装了 16 层、间距为 50 mm、填料总高为 1.55 m 的水泥格网板淋水填料。经夏秋两季测试结果证明，该塔的热力性能达到了设计要求，夏季在设计气象条件下，不仅能满足机组满负荷发电的要求，塔的冷却能力还有 10% 的富余。

1974 年，东北电力设计院发表了《冷却塔水泥格网板淋水装置生产简介》，介绍了采用不同模具生产水泥格网板的方法。

水泥格网板的加工方法也不断适应生产发展而改进。水泥格网板生产初期是用蜡模，对石蜡质量要求比较高，水泥格网板浇筑好，经养护达标后再把石蜡熔化脱模，回收石蜡再用。这种生产方法生产周期长、成本高。随后北京燕山石化总厂研制出铸铝模具。在模具中铺好纵横钢丝后再浇注水泥砂浆，连带模具在养护室内经蒸汽加热进行养护，以缩短养护时间，提高模具周转率，减少模具数量。但在当时，铝材是受控使用的材料，在冷却塔生产中大量使用是不可能的。为降低成本、缩短制造周期，橡胶模具便应运而生，后来又出现了塑料模具。采用现场制作方式，由于缺少必要的控制，用橡胶模具和塑料模具加工水泥格网板虽然可降低成本与缩短制造周期，但产品质量难以控制，生产的成品表面会出现蜂窝、麻面、空洞，单片成品会翘曲、裂缝、变形，以及经常发生部分水泥砂浆凝结堵塞格网孔口的现象，增加了填料阻力，影响了塔的冷却效果。并且由于水泥格网板笨重、制作效率低、运输及安装损耗大等，也影响了水泥格网板的广泛应用。

2. 国产塑料淋水填料及塔芯部件崭露头角

20 世纪 70 年代中期，PVC（聚氯乙烯）、PP（聚丙烯）和 PE（聚乙烯）材质的淋水填料开始在我国冷却塔中使用。35 × 15–600 塑料斜波首先在北京第二热电厂中应用，之后塑料菱形花纹填料、折波填料、高密度聚乙烯格网填料也相继问世。

4.5 基础工作锦上添花

如前所述，1965 年东北电力设计院在长春一汽自备电厂内利用冷却塔模拟试验装置，研制试验了酚醛树脂浸渍纸蜂窝型淋水填料之后，1971 年至 1973 年，又对水泥格网板淋水填料在冷却塔内的不同布置方案（包括格网板层数、层间距、尾部冷却高度等）进行了筛选和优化。同时还在吉林二道江电厂的配合下，对垂直格网孔和不同倾斜角度的倾斜格网孔进行了热力、阻力试验比较。1976 年因一汽自备电厂扩建用地，逆流模拟试验装置在长春一汽自备电厂内迁址重建，同时又在逆流模拟试验装置旁建设了室内横流模拟试验装置。横流模拟试验装置高为 3.6 m、宽为 0.5 m、长为 6 m。研究人员利用这套装置对辽宁阜新塑料二厂和江苏金坛塑料厂等填料工厂研制的用于横流塔的多种不同形式的塑料淋水填料进行了优化选型试验。因长春一汽扩建用地，这两套横流和逆流模拟试验装置于 1984 年拆除。

1988 年，在电力规划设计总院的支持下，由华东电力设计院牵头，河海大学、东北电力设计院、金坛塑料厂参加，共同组建了冷却水研究组，在金坛塑料厂闲置厂房内建成两套逆流塔试验装置和一套横流塔试验装置。逆流塔试验装置的有效淋水面积分别为 1.0 m × 1.0 m 和 2.5 m × 2.5 m。横流塔试验装置的尺寸为长 8 m、宽 0.5 m、高 4.0 m。研究组利用这些装置对金坛塑料厂和其他厂开发的淋水填料、除水器、配水喷头等进行试验。1990 年，经江苏省科委批准，研究组改称为江苏南方冷却水研究中心。

20世纪70年代初期，中国水利水电科学研究院成立了冷却水研究所，专门从事循环水冷却和冷却塔方面的研究工作。该所建成了逆流、横流式冷却塔模拟试验装置，开展淋水填料、配水喷头和除水器的开发、试验等工作。该所开发的逆流式冷却塔S波填料、横流式冷却塔塑料板条填料、溅散式配水喷头等产品至今仍在冷却塔建设中普遍采用。

西安热工研究院于1966年在西安建成了冷却塔试验室，先建成一座逆流式试验塔。1971年，又建成一座横流式试验塔。逆流式试验塔总高为13.6 m，进风口高度为4.8 m，淋水面积为1 m^2。试验塔双面进风，为鼓风式结构。试验塔配有空气调节室，可模拟不同的气象条件进行试验，淋水密度调节范围为4～16 m^3/（$m^2 \cdot h$），进塔风速为0.8～2.2 m/s。横流式试验塔高为2 m、宽为1 m、深为3 m，与逆流式试验塔共用空气调节室和鼓风机，淋水密度调节范围为8～23 m^3/（$m^2 \cdot h$），进塔风速为1.0～1.8 m/s。1973年，西安热工研究院、西安冶金建筑学院、陕西省化肥厂在试验塔上对水泥格网板淋水填料的热力性能及阻力性能进行了试验研究，先后共完成了200多种淋水填料及80多种除水器的试验研究工作。横流式试验塔共完成20多种淋水填料的试验研究工作。

在开展冷却塔详细测试和科学研究的基础上，全国化工给排水设计技术中心站开始组织编制逆流式机械通风冷却塔系列通用图，《炼油循环水场设计规范》也开始编制。所有这些基础工作都对冷却塔的设计与使用起到了重要的推动作用。

影响冷却塔性能的因素有两个方面：一是淋水填料的热力性能，二是冷却塔的气动性能。冷却塔气动性能包括淋水填料在内的冷却塔塔筒和各部件阻力及分配。对于冷却塔的气动性能，以往人们缺乏了解。只有通过冷却塔模型试验和对工业塔的测试，人们才能对冷却塔的气动性能有较深刻的认识。

1970 年，洛阳石化设计院、北京石油设计院和北京石化工程公司组成联合测试组，对北京东方红炼油厂一循冷却塔进行了测试。通过测试发现，冷却塔进风口处、除水器到风筒进口处出现涡流区，进风口处有 1/3 淋水填料不进风，除水器以上的冷却塔的收缩段阻力达 22 Pa，风筒扩散段有直径达 2.2 m 的回流区，平面轴线尺寸为 9 m×9 m 的冷却塔工作风量仅有 30 万 m^3/h，全压阻力达 165 Pa，所以该塔处理水量仅为 380 m^3/h。

1976 年，安徽合肥电厂胡德芳（后调入中国科技大学）在合肥电厂的冷却塔流场测试中发现了与北京东方红炼油厂一循冷却塔相似的问题，提出了合理确定冷却塔进风口与淋水断面的比例、进风口加设侧向导风板和水平导风板、塔的收缩段加设导流圈、加高风筒扩散段高度，以消除涡流、减小空气阻力、提高工作风量，进一步提高冷却塔处理水量等措施。

1971 年，根据这些测试结果，北京石油设计院邓明华作为测试的直接参加者，首先在燕化胜利橡胶厂冷却塔设计中采取了加大进风口高度、设"天圆地方"导风伞、加高风筒扩散筒高度等方法。在导风伞的设计与施工中，冷却塔结构设计者和施工者付出了极大的艰辛。

1972 年至 1974 年，当时的北京石油化工总厂设计院和燃料化学工业部石油和化学工业规划设计院等从事冷却塔设计的部分人员，在总结数年设计和实测经验的基础上，编写了《循环水冷却塔设计参考资料》，为广大冷却塔科研设计工作者提供了一份丰富的参考资料。

4.6　冷却塔制造企业纷纷崛起

1977 年，广州某冷却塔会议曾组织与会代表参观了广州华侨饭店从日本进口的空调系统用冷却塔，大家对其漂亮的外观、紧凑的结构、玻璃钢塔体、阔叶片风机、高效淋水填料极感兴趣。

时隔不到一年，机械部四院付敬远、上海工业建筑设计院周光亮都研制出了与上述冷却塔相似的圆形冷却塔，使用的风机都是上海交通大学任世瑶开发、上虞风机厂生产的冷却塔轴流风机。从此，一大批冷却塔制造厂相继诞生。

1. 上虞联丰玻璃钢厂（浙江联丰冷却塔有限公司）

当时，用户如果要购买一台冷却塔，需要向多家企业购买零部件，然后自己组装。当时担任浙江上虞曹娥大队会计的蒋梦兰从中看到了商机。1976 年年初，蒋梦兰提出，由上海交通大学负责冷却塔产品的整体策划，他负责生产玻璃钢壳体，委托曹娥农机厂装配，以这样的方式来完成冷却塔的整体制造，提供整塔供用户使用。上虞联丰玻璃钢厂从此创立，后来更名为浙江联丰冷却塔有限公司。1979 年，该公司生产的 18 台冷却塔批量出口泰国泰美伦纺织厂，开创了中国冷却塔出口的先例。1986 年，联丰牌 BLS100、200 低噪声玻璃钢冷却塔被国家质量奖审定委员会认定为"国家优质产品银质奖"。1990 年，该公司获"国家质量管理金质奖"，系国内冷却塔企业唯一获得者，同年被中国玻璃钢工业协会授予"全国玻璃钢冷却塔行检行评第一名"称号。1988 年，联丰冷却塔成功地应用于北京第十一届亚运会场馆等重要项目。1995 年，该公司生产的闭式冷却塔首次出口巴基斯坦克拉克电厂。1988 年，该公司被国家建材局授予"全国建材行业红旗企业"称号，厂长蒋梦兰在北京受到国务院总理李鹏的亲切接见。

该公司与上海交通大学结成科研生产联合体，致力于冷却塔产品的研发和制造，成为我国著名的冷却塔制造企业。

2. 武进玻璃钢厂（江苏海鸥冷却塔股份有限公司）

武进玻璃钢厂是江苏海鸥冷却塔股份有限公司的前身，始创于1968年，之后更名为常州冷却塔厂，1997年完成改制，成为现在的江苏海鸥冷却塔股份有限公司。1978年，该厂仿制了一台冷库用冷却塔。1983年，厂内建起了当时国内最大的冷却塔试验装置，开发了逆流式低噪声系列冷却塔，1990年获"国家质量管理银质奖"。徐祖根、吴祝平等人开创了科技人员与乡镇企业结合的成功案例，他们带领的江苏海鸥冷却塔股份有限公司成为中国冷却塔业界翘楚。

3. 化工部勘察公司综合设计装备加工车间（中化工程沧州冷却技术有限公司）

1978年12月，为解决20世纪70年代中期引进的13套大化肥装置的冷却塔部件国产化问题，化学工业部基本建设局在河北沧州组建了"化工部勘察公司综合设计装备加工车间"，后对外改名为"化工部勘察公司化工冷却塔填料厂"。1987年10月，更名为"中国化学工程总公司化工冷却塔填料厂"。1996年12月，再次更名为"中国化学工程总公司沧州冷却塔分公司"。现在，该公司名为"中化工程沧州冷却技术有限公司"。该公司薄膜、点滴填料混装的横流冷却塔专利技术曾获得"国家科技进步三等奖"，公司当时的负责人毕永尧参加了1996年度全国科学技术奖励大会，并在人民大会堂受到党和国家领导人的接见。

4. 成都金牛玻璃钢厂

该公司创建于1979年，是当时西南地区最大、最好的冷却塔制造企业，1990年，晋升为国家二级企业，1991年，获"国家质量管理银质奖"，1993年，该厂生产的冷却塔被石化系统和化肥行业定为推荐产品。

5. 广东阳江市国营玻璃钢厂

该公司创建于 1984 年，1985 年与机械工业部第四设计研究院合作，研制生产 DBNL、CDBNL、GBNL 等逆流式和 DBHZ、CDBHZ、GBHZ 等横流式冷却塔。1987 年，经国家机械工业委员会批准，该厂产品成为第一批替代进口产品。1990 年，该厂获"国家质量管理银质奖"，该厂生产的冷却塔获"国家环保产品优质奖"。

6. 武城县玻璃钢总厂

1981 年，武城县玻璃钢总厂参照机械工业部第四设计研究院的图纸，生产了第一台圆形逆流式玻璃钢冷却塔。1983 年 10 月，组织了第一次产品鉴定会，会议邀请了各设计院、行业协会共计近百名专家，对冷却塔进行产品检测、性能检测、生产能力评价，带动了武城乃至德州地区冷却塔产业的发展。

还有很多其他冷却塔制造企业，在此不一一赘述。

第5章　勃发的80—90年代

1978年十一届三中全会以后，改革开放给中国大地带来了一缕春风，各行各业呈现一派欣欣向荣的景象。中国冷却塔产业也迎着和煦的春风，在20世纪80—90年代进入了生机勃发的时期：规范标准日渐齐全，科研成果层出不穷，科研成果转化为产品大大提速，冷却塔生产企业如雨后春笋般纷纷涌现，一场百花齐放的冷却塔大戏正在中国的舞台上上演。

5.1　标准规范的制定与完善

没有规矩不成方圆。中国冷却塔制造业从无到有，最缺少的是规范与法规。尽力完善国家或行业的法规，无论在国内还是在国际商务活动中都是极为重要的。从20世纪80年代起，一系列标准规范的制定与正式颁布执行，使冷却塔的设计、制造、验收做到了有法可依。这些规范标准有：

《工业循环水冷却设计规范》(GB/T 50102—2014)；

《玻璃纤维增强塑料冷却塔 第1部分：中小型玻璃纤维增强塑料冷

却塔》（GB/T 7190.1—2008）；

《玻璃纤维增强塑料冷却塔 第2部分：大型玻璃纤维增强塑料冷却塔》（GB/T 7190.2—2008）；

《石油化工企业循环水场设计规范》（SH 3016—1990）；

《冷却塔塑料淋水填料技术规定》（NDGJ 88—1989）；

《工业冷却塔测试技术规定》（NDGJ 89—1989）。

在国内很多设计机构对机械通风冷却塔的设计还不太了解的时候，全国化工给排水设计技术中心站就组织编制了逆流式机械通风冷却塔系列通用图：

《L47型风机逆流式冷却塔通用图》（HG/T 21624—2005）；

《L60型风机逆流式冷却塔通用图》（HG/T 21582—1995）；

《L85型风机逆流式冷却塔通用图（一格单列式）》（HG/T 21625—1991）；

《L85型风机逆流式冷却塔通用图（二格单列式）》（HG/T 21626—1991）；

《L92型风机逆流式冷却塔通用图》（HG/T 21580—1997）；

《2.4米风机逆流鼓风式高浊、高温、防腐型冷却塔通用图》（HG/T 21614—1997）。

为便于电力系统之外的其他工业部门使用逆流式自然通风冷却塔，建委建筑设计标准及定额研究院组织东北电力设计院编制了《淋水面积 $100 \sim 2\,000\ m^2$ 逆流式自然通风冷却塔标准设计图》。

这些冷却塔通用图的使用范围遍布全国各地的各个工业系统。这一系列冷却塔设计通用图对化工、电力系统以及国内其他工业系统的冷却塔设计与应用起到了重要的指导作用。

5.2   冷却塔科研成果不断涌现

中国水利水电科学研究院冷却水所赵振国、许玉林、陆振铎、赵顺安、石金玲、陈俊伟、王显光等以及他们的研究生陈仙松等人，通过对国内外有关文献的收集与研究、模型试验、模拟塔测试，以及现场试验等手段，单独或合作发表了百余篇关于冷却塔的研究论文及专题报告，其中赵振国还出版了专著《冷却塔》、赵顺安出版了专著《海水冷却塔》和《冷却塔工艺原理》。

他们所研究的塔型包括逆流和横流自然通风及机械通风冷却塔、海水冷却塔、排烟冷却塔、高位收水冷却塔、间接空冷塔、干湿式冷却塔和闭式蒸发冷却塔等。

这一时期的冷却塔研究成果包括但不限于：

逆流式自然通风和机械通风冷却塔的热力及阻力计算新方法；逆流式自然通风冷却塔的拟二维和二维热力计算方法，塔的阻力计算新公式；

圆形横流式冷却塔热力计算新方法；

逆流机械通风冷却塔的塔形改进；

多种淋水填料的热力和阻力特性；

冷却塔的多种淋水喷头水力特性和多种除水器的除水效率及阻力；

淋水填料用于海水冷却塔的热力特性修正系数；

排烟冷却塔的热力和阻力计算修正方法；

高位收水冷却塔的热力和阻力计算方法；

间接空冷塔的热力和阻力计算方法；

冷却塔与环境的相互影响；

自然风对逆流式自然通风冷却塔的影响及冷却塔的阻力计算修正；

自然通风冷却塔塔内流场对塔的配水系统优化、塔内阻力、塔内热交换的影响；

干湿式冷却塔的设计与计算；

闭式蒸发冷却塔的热力特性及设计计算方法。

鉴于冷却塔淋水填料的材质关系到冷却塔长期运行的安全性和经济性，自 1990 年开始，西北电力设计院和中国水利电力物资上海公司委托上海第二工业大学开展了"冷却塔塑料淋水填料性能研究"课题。课题组由第二工业大学吕争青教授负责。1993 年 2 月，他们提交了《冷却塔塑料淋水填料性能研究总结报告》，1993 年 11 月，课题通过了电力部组织的技术鉴定。此后课题组又陆续进行了补充研究，并于 1998 年 2 月发表了《冷却塔塑料淋水填料的材质性能专题报告》。报告较为全面地阐述了对冷却塔塑料淋水填料的性能要求和各种性能的试验方法。

5.3　著述层出不穷

史佑吉、王大哲、周光亮编著了《工业冷却塔测试方法》，中国建筑工业出版社，1979 年 12 月出版；

李德兴著《冷却塔》，上海科学技术出版社，1981 年 5 月出版；

胡贤章译《冷却塔》，东德艾·汉佩（E.Hampe）著（1975 年原版），电力工业出版社，1980 年出版；

施建中译《机械通风冷却塔》，苏联 B.A. 格拉特柯夫等著（1976 年原版），化学工业出版社，1981 年 5 月出版；

李延龄译《冷却塔计算和结构原理》，西德 P.Berliner 著（1975 年原版），东北电力设计院，1984 年刊印；

王敬著《石油化工冷却塔设计与计算》专辑，1984 年出版；

黄定生译《凉水塔》，美国 N.P. 彻雷密西诺夫和 P.N. 彻雷密西诺夫著（1981 年原版），石油工业出版社，1984 年出版；

　　陈绍琳、马少华译《湿空气和冷却塔》，日本内田秀雄著，东北电力设计院，1985 年 6 月刊印；

　　刘鲲著《双曲线冷却塔维修技术》，中国建筑工业出版社，1986 年出版；

　　史佑吉著《冷却塔运行与试验》，水利电力出版社，1990 年出版；

　　王良均、吴孟周、王敬等编著《石油化工企业用水及管理》，烃加工出版社，1990 年出版，该书很大篇幅叙述了冷却塔设计问题；

　　吕争青、倪季良编著《冷却塔聚氯乙烯塑料淋水填料》，西北电力设计院，1991 年刊印；

　　丁尔谋等著《发电厂空冷技术》，水利电力出版社，1992 年出版；

　　马义伟编著《电站空冷若干专题的讨论》，哈尔滨工业大学能源科学与工程学院，1997 年刊印；

　　赵振国著《冷却塔》，中国水利电力出版社，1997 年出版；

　　盛和晞著《双曲线冷却塔事故分析及处理》，中国电力出版社，1998 年出版。

　　这些专著集国内外冷却塔技术之大成，对于从事冷却塔研究、设计、教学工作者及运行管理和维修人员而言都是很好的指导资料。

　　王大哲 1988 年编写的培训教材《玻璃钢冷却塔基础知识讲义》为玻璃钢冷却塔的发展添砖加瓦。

5.4　上游配套产品专业化、系列化

1. 冷却塔专用风机应运而生

以前我国没有专门的冷却塔风机生产厂。20 世纪 80 年代初，在空

调制冷用塔领域，上海交通大学与浙江上虞风机厂合作，设计开发了 30 m³/h、50 m³/h、100 m³/h 冷却塔配套风机，经试验，其性能达到国外风机水平，又持续开发了节能低噪声系列风机，上虞风机厂也成为国内冷却塔风机的主要供应商。

在工业塔领域，除已有的沈阳鼓风机厂和上海风机厂外，上海交通大学与上海化机二厂合作，率先推出了直径为 4.7 m 的玻璃钢轴流风机，该风机采用伞齿轮传动、飞溅润滑，使冷却塔风机一跃跨入了当时世界先进行列。

当时亚洲最大的螺旋桨制造厂——航空工业部保定螺旋桨制造厂也加入了冷却塔风机的制造行列。

20 世纪 80 年代末，一个民营风机生产企业——莱州风机厂也开始生产冷却塔风机。

这三家风机制造企业形成了当时冷却塔风机制造业的三足鼎立之势。

2. 各种填料争奇斗艳

中国冷却塔的应用、生产、研发是引进、消化吸收、仿造、推陈出新的过程，冷却塔填料也是如此。填料是冷却塔的主要塔芯材料，填料的品质很大程度上决定了冷却塔的冷却效果。我国自 1980 年前后陆续引进了欧、美、日的冷却塔，之后国内冷却塔的填料、收水器、喷头，在消化吸收、仿造的基础上，形成了当时的塔芯材料产品系列。引进填料有以下品种：

（1）M 板点滴填料

20 世纪 70 年代，从美国马利公司引进的横流式冷却塔采用点滴式填料（M 板填料），该填料在横流塔中广泛应用。这种冷却塔填料在化工、石化行业中得到了广泛应用，沧州冷却设备厂仿制了这种 M 板填料。在使用过程中，人们发现边层 M 板在百叶窗汇聚的淋水冲击下，或者在塔顶溢流的超大淋水密度冲击下被损坏。1992 年开始，人们对这种 M 板填料的横流塔普遍进行了改造，采用边层框架薄膜填料与内层 M 板混装代替原来的单纯 M 板，取得了比较好的冷却和防冰效果。

（2）Ω 板点滴填料

美国马利公司在扬子工程中使用了装填 Ω 板点滴填料横流冷却塔，沧州冷却设备厂、常州冷却塔厂陆续开发出拱形板点滴填料横流冷却塔。这种 Ω 板或拱形板填料不易损坏，逐步替代了 M 板点滴填料。

（3）PP 格栅填料

引进的法国赫尔蒂公司的冷却塔，其填料为 PP 材质格栅。这种点滴式填料热力性能较差，但可以适应各种较差的水质。国内在引进该填料的基础上，开发了高度分别为 30 mm、40 mm、50 mm 的长方形格栅填料以及方形格栅填料等。PP 格栅填料是国内应用最广的点滴式填料，主要应用于钢厂浊循环水、污水、造气冷却塔等场合。美国马利公司也有这种 PP 格栅填料。

（4）斜折波薄膜填料

20 世纪我国引进了美国马利 800 系列吊装式冷却塔，该塔配水配风均匀，能耗较低，填料为简单的斜折波薄膜填料，马利公司常用的片间距为 19 mm。国内大量仿制这种填料，常用的片间距有 19 mm、33 mm、25 mm 等。国内这种斜折波薄膜填料的供应商主要有广州马利、中化沧冷、中冷沧州等公司。

（5）直波薄膜填料

我国 20 世纪 70 年代末期引进的日本横流薄膜式填料冷却塔，其直波填料片由 PVC 板直接挤出，并用钢框架组装到一起。该填料的国产化由沧州冷却设备厂完成，框架改为 PVC 挤出方管及注塑件联结，填料片有直波型和加小波纹的垂直波型。该种填料除了应用于扬子石化、齐鲁石化等的横流薄膜式冷却塔外，绝大部分应用于点滴填料冷却塔的边层改造。

1986 年 5 月，无锡县塑料厂从比利时哈蒙－索贝尔科公司（HAMON-SOBELCO）引进了 ANCS 20 GLI 型塑料薄膜淋水填料（在我国称为塑料复合波，见图 5-1）全自动吸塑生产线设备、生产技术和材料配方，并于 1986 年 10 月完成了生产调试，获得了比利时 HAMON-SOBELCO 公司的生产许可证。这种淋水填料首先用于安徽平圩电厂 600 MW 机组的淋水面积为 6 183 m² 的自然通风冷却塔，继之又用于山东邹县电厂 300 MW 机组的淋水面积为 6 500 m² 的自然通风冷却塔。此后一段时间，塑料复合波作为冷却塔淋水填料的主流片型在我国火电系统中被推广应用。

图 5-1　塑料复合波

虽然塑料复合波淋水填料在当时冷却效果较好，但是由于片距为 20 mm，片距小，污物通过能力较差，易被凝汽器胶球清洗系统漏出的胶球堵塞；当片厚为 0.35 mm 时，填料组合后单位体积的质量为 26.2 kg/m³，单位体积的填料耗材量大；国内仅无锡县塑料厂独家生产，易形成产品和价格垄断，且该厂仅有一条生产线，产量难以满足我国电厂建设的需要。

基于上述原因，在引进国外先进的冷却塔塔芯部件的启示下，我国一些电力设计及科研单位与一些淋水填料生产厂合作，开发出了一些综合性能更好的薄膜型塑料淋水填料，除水器和喷溅均匀、流量系数适宜的喷溅装置，比如：

西安热工研究院有限公司、西北电力设计院共同研制的塑料弧形除水器和塑料折波淋水填料，分别在老塔改造及新塔建设中得到了广泛应用。这两项研究成果获得了国家科技应用成果三等奖。塑料折波淋水填料片间距为 30 mm，组装尺寸为 1 000 mm×500 mm×500 mm，在塔内装填高度为 1.5 m。塑料折波淋水填料的研制成功，推动了冷却塔淋水填料向轻型化、工厂制造化和标准化方向发展，使冷却塔的冷却效果得到了进一步提高。

除水器的研制成功，彻底改变了自然通风冷却塔无除水器的现状，对冷却塔节水及防止飘滴对环境造成的危害起到了积极的作用。此后西安热工研究院又研制了斜折波（图 5-2）、TJ-10 波等淋水填料，BO160/50 型除水器，TP-Ⅱ喷溅装置。

图 5-2　斜折波淋水填料

中国水利水电科学研究院冷却水研究所研制了 S 波淋水填料（图5-3），BO160/45 型除水器，反射型、多层流型喷溅装置。

图 5-3　S 波淋水填料

东北电力设计院和江苏常州金坛塑料厂共同研制了用于逆流塔的双斜波淋水填料（图 5-4），用于横流塔的 HTB-80-26 和 HTB-80-30 塑料斜波淋水填料（图 5-5），在国内许多火电厂和国外如巴基斯坦、俄罗斯等国的火电厂工程中均得到广泛应用。

图 5-4　双斜波淋水填料

图 5-5　HTB-80-26（30）淋水填料

西北电力设计院也研制了双向波淋水填料、波 142-45 型除水器、XPH 涡壳旋流式喷溅装置。

我国自行开发的冷却塔除水器和配水喷头见图 5-6 至图 5-12，图中标示数据单位为 mm。

图 5-6　波 160-45 型除水器及组装后示意图

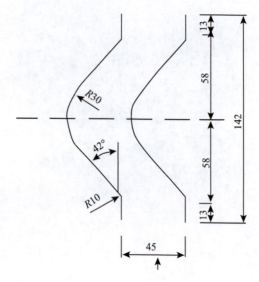

图 5-7 波 142-45 型除水器

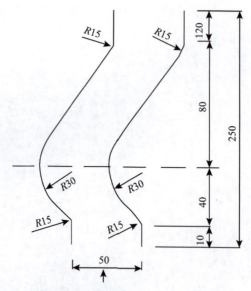

图 5-8 用于横流塔的 HC150-50 型除水器

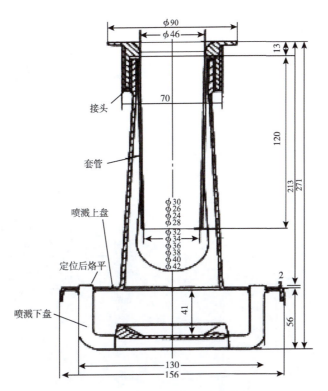

图 5-9　反射 3 型喷头

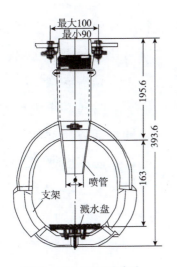

图 5-10　RC 型喷头

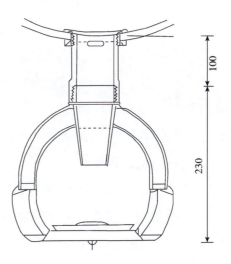

图 5-11　TP-2 型喷头

43

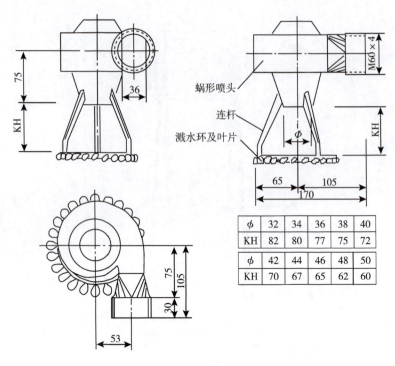

图 5-12　XPH 型喷头

ϕ	32	34	36	38	40
KH	82	80	77	75	72
ϕ	42	44	46	48	50
KH	70	67	65	62	60

　　20 世纪 90 年代，冷却塔的主流塔型已经转向逆流式，随之，薄膜式填料品种也得到了飞速发展，市面上流行的薄膜填料片型繁多，且各种填料在不同条件下得到的试验结果没有可比性，也存在填料质量参差不齐的现象，市场比较混乱。为此，中国水利水电科学研究院冷却水所受电力规划设计院委托，选择当时流行的 12 种塑料填料进行了试验，得到了在一定工况条件下，各种填料的冷却数与气水比的关系和淋水填料的阻力计算公式，并经电力规划设计院组织评定，确定以这次的试验结果作为电力系统冷却塔填料选择的依据，见表 5-1。这次的试验结果也对其他工业系统冷却塔填料的选择起到了指导作用。多年工业冷却塔应用实践结果表明，多种淋水填料中，斜折波、S波、双斜波填料的冷却效果较好。

表 5-1　20 世纪 90 年代流行填料的热力性能试验结果

序号	填料名称	生产企业	冷却数
1	复合波	无锡县塑料制品厂	$N=1.62\,\lambda^{0.56}$
2	S 波	江阴市冷却材料厂	$N=1.69\,\lambda^{0.54}$
3	全梯波	东台市冷却设备厂	$N=1.51\,\lambda^{0.58}$
4	双斜波	金坛市塑料厂	$N=1.78\,\lambda^{0.57}$
5	TJ–10	武进县冷却设备材料厂	$N=1.48\,\lambda^{0.54}$
6	斜双梯波	武进塑胶制品厂	$N=1.74\,\lambda^{0.58}$
7	正弦波	蓬莱市电力冷却设备厂	$N=1.81\,\lambda^{0.61}$
8	斜折波	阜新发电厂冷却塔填料厂	$N=1.84\,\lambda^{0.63}$
9	梯形斜波	阜新市塑料制品二厂	$N=1.70\,\lambda^{0.61}$
10	台阶波	南新填料制品厂	$N=1.26\,\lambda^{0.53}$
11	Z 波	成都金牛玻璃钢厂	$N=1.76\,\lambda^{0.58}$
12	双向波	西北电力塑料厂	$N=1.54\,\lambda^{0.56}$

注：N 为冷却数；λ 为气水比。

5.5　冷却塔产品百花齐放

1. 自然通风冷却塔

1984 年，电力工业部依托建设安徽淮南平圩发电厂 600 MW 机组工程的辅助冷却塔项目，与比利时哈蒙 – 索贝尔科公司签订了自然通风冷却塔设计技术与施工技术转让合同，其中包括热力计算程序、阻力计算程序、配水计算程序、塔芯部件的产品制造技术和有关生产设备，设计和施工技术人员培训。

采用哈蒙技术的平圩发电厂的辅助自然通风冷却塔淋水面为 6 183 m^2，塔高为 129.95 m，设计淋水密度为 9.23 t/（$m^2 \cdot h$），冷却水温差为 10.87 ℃。该塔采用中央竖井、槽－管式配水，RC 型喷溅装置，177-46 型塑料薄膜除水器，ANCS 型淋水填料安装高度为 1 m，组装块尺寸为 2 000 mm × 500 mm × 500 mm，采用不锈钢丝悬挂在塔内，填料片间距为 20 mm。

1986 年 7 月，由电力部电力规划设计院何蓬江，东北电力设计院张富坚，华北电力设计院郭维胜、仇雠，西北电力设计院金熹卿和安徽电建二公司凌相如共 6 人组成"赴哈蒙冷却塔公司技术考察和学习小组"，前往比利时考察和学习冷却塔设计技术和施工技术。历经半年艰苦学习，小组取得丰硕成果归来。1987 年夏，电力规划设计院组织了"哈蒙冷却塔技术推广学习班"，国内各主要电力设计院均派员参加学习。

1986 年，由我国自行设计，安徽淮南洛河电厂建成与 300 MW 机组配套的逆流式自然通风冷却塔，淋水面积达 7 000 m^2，高度达 130 m。继之西北电力设计院又设计了山东邹县电厂配 300 MW 机组的淋水面积为 6 500 m^2 的自然通风冷却塔，均采用了哈蒙悬吊技术安装的 ANCS 塑料淋水填料。此后这种悬吊安装淋水填料技术得到推广。但是我国东北、西北及内蒙古寒冷地区冬季冷却塔填料底部往往发生结冰现象，严重时会导致填料局部塌落，淋水填料悬吊安装不利于对填料的检修更换，导致这种淋水填料悬吊安装方法在我国寒冷地区难以推广。

2. 机械通风冷却塔

进入 20 世纪 80 年代后，改革开放推动了经济发展，冷却塔产品也呈现出百花齐放、争相斗艳的场景。首先从供空调用的小型冷却塔开始，中国的南方，上海工业建筑设计院设计的 NB 型冷却塔在江苏的常州、无锡、海门等苏南地区多家制造厂进行生产，上海交通大学设计的 BL 型冷却塔在浙江的上虞地区进行生产制造；北方则是河南洛阳机械部四院设计的 BNL 型冷却塔广泛开花，国内冷却塔技术体系也因此基本形成了三足鼎立之势，代表性企业有浙江上虞联丰玻璃钢厂、江苏武进玻璃钢厂和国营广东阳江玻璃钢厂，行业也逐渐进入"三国"时代。一时间，全国各地形成了许多玻璃钢冷却塔生产中心，仅江苏宜兴一地就有上百家玻璃钢冷却塔生产企业（其中也有些无生产车间和生产能力的挂牌厂），浙江联丰集团的冷却塔制造业飞速发展，山东德州、河北枣强、河南沁阳等地也陆续成为冷却塔生产企业的集聚地。

在小型冷却塔激烈竞争的同时，大中型机械通风冷却塔也在为腾飞做准备，大中型冷却塔的研制与生产首先从横流冷却塔开始。由周光亮设计、江苏海门冷却塔厂制造的钢结构冷却塔，首先用于北京化工实验厂和北京焦化厂，处理水量为 1 500 m^3/h。1983 年至 1984 年，周光亮又推出了处理水量为 3 000 m^3/h 的钢结构横流冷却塔，使用了自己研制的直径为 12 m 的冷却轴流风机。经中国石化工程部多次考察，建议改用直径为 8.53 m 的风机，几经周折，该冷却塔用于扬子石化。

在国内外冷却塔测试的基础上，借鉴中国水利水电科学研究院冷却水所许玉麟发表的《逆流式机力通风冷却塔的塔型研究》成果，结合多年冷却塔复用图、通用图的实践，1985 年，中国石化洛阳设计院王敬等开发了逆流机械抽风冷却塔（SNL-10-700 型），经各部尺寸的优化，采用了塔的收缩段与风筒集气段相结合、除水器以配水管为支梁、金属构件采用镀锌后涂两层耐水防腐涂料进行防腐等技术，大大降低了冷却塔的高度，减小了塔的阻力，提高了风机在冷却塔中的工作风量。1987 年和 1988 年两次测试表明，该塔超过了设计处理量。在对冷却塔测试总结的基础上，技术人员又把该塔处理水量提高到 800 m³/h（TSNL-10-800 型）。在此基础上，结合国产风机，天津石化设计院王敬、胡连江又开发了处理水量从 800 m³/h 到 4 500 m³/h 的 TSNL-10 系列冷却塔。该系列冷却塔使用部门广泛，当时有 1 000 多台正在运行，两次获中国石化集团公司科技进步奖，并获得国家知识产权局批准的《全流道流线型逆流机械抽风冷却塔》发明专利，支持该系列塔开发的《逆流机械抽风冷却塔工艺分析系统》软件，获中国石化集团公司优秀软件二等奖。

随着对冷却塔的认识不断加深，业内认识到逆流式冷却塔在投资、能耗、占地、防冻化冰等许多方面优于横流式冷却塔。因此，从 1990 年开始，机械部四院、江苏海鸥冷却塔股份有限公司都相继完成了与国产风机配套的逆流冷却塔系列研发和制造。

江苏海鸥冷却塔股份有限公司利用 20 世纪 80 年代初建成的冷却塔实验装置，凭借雄厚的技术开发实力，研制了很多淋水填料和配水喷头，对冷却塔技术的发展有很大促进作用，公司的老领导徐祖根、殷其佩、宫俊泽等，从国企的技术人员，几经周折、起伏，以百折不挠的精神，成为懂技术、善经营、会管理的现代企业的领导者。

机械部四院凭借其设计专业齐全、设计技术力量雄厚，在玻璃纤维增强塑料冷却塔的标准建立、节能降噪、大中小型冷却塔开发上都卓有成效，特别是其设计的 DBNL、CDBNL 逆流系列和 DBHZ、CDBHZ 横流系列小型冷却塔，制造厂遍布河南、河北、山东等北方地区，南方地区也有部分厂家采用。

由全国化工给排水设计技术中心站组织，中国天辰工程公司、中国寰球工程公司、中国五环工程公司、化工部第三设计院、天津化工设计院编制的"逆流式冷却塔系列通用图"在化工、石化、轻工等行业得到了广泛的应用，使用通用图建造的冷却塔有 1 000 多座。

广州明新玻璃纤维工程有限公司是港资与内地合资兴办的第一家冷却塔生产企业。合资期间，产品除畅销国内市场外，还远销东南亚各国以及欧美等国家和地区 。

这段时间，一些国际冷却塔制造商或在国内独立经营，或与国内企业联合成立合资公司，例如美国马利公司、德国 GEA 公司等。一些台资、港资冷却塔企业也进入大陆市场，1988 年，良机实业香港公司开始在广东省东莞市设厂，又于 1992 年成立厦门良机工业有限公司，1993 年成立上海良机冷却设备有限公司。1993 年，台湾金日冷却设备有限公司进入上海，成立上海金日冷却设备有限公司，同时引进了真空吸塑成型的薄膜式散热片生产设备与生产工艺，代替传统的热压成型生产工艺。1995 年，大连冰山集团与日本斯频德制造株式会社共同投资的大连斯频德环境设备有限公司成立。这些国外、台资、港资冷却塔制造商先进的管理理念，与国际接轨的模式，引起了冷却塔业界与用户的极大关注。

这一时期，国内活跃的冷却塔生产企业数量虽然很多，但整体质量不佳，多为作坊式工厂，主要分布于江苏、浙江、山东、河南、河北、北京、天津、辽宁、四川、广东、江西等省市。

5.6　产品质量稳步提高

首部冷却塔产品标准《玻璃纤维增强塑料冷却塔》（GB 7190—1987）于 1987 年 1 月 16 日颁布，1987 年 11 月 1 日实施。该标准归口全国纤维增强塑料标准化技术委员会，国家建筑材料工业局上海玻璃钢研究所、机械部第四设计院、华东建筑设计院负责起草，主要起草人是朱颐龄、傅敬远、梁文耀、潘瑜。1987 年 6 月，在上海进行了标准宣讲。同年，国家玻璃钢制品质量监督检验中心开展了玻璃钢冷却塔产品质量监督检验工作。

1989 年，中国玻璃钢工业协会组织了首次玻璃钢冷却塔全国行评行检工作，检验依据国家标准《玻璃纤维增强塑料冷却塔》（GB 7190—1987），检测任务由国家玻璃钢制品质量监督检验中心承担。参评企业有 31 家，送检冷却塔 31 台，合格率为 51.6%。通过评比，浙江上虞联丰玻璃钢厂获"质量标兵企业"，江苏常州南方玻璃钢厂、河南沁阳市塑化厂、福建厦门新华玻璃钢分厂、江苏武进防腐设备厂、江苏东台市玻璃钢厂、南京合成材料厂、江苏徐州玻璃钢厂及江苏武进玻璃钢厂 8 个厂家获"质量优胜企业"，北京市玻璃钢制品厂、福建邵武市玻璃钢厂、河南开封玻璃钢制品厂、无锡太湖冷却设备厂、连云港市玻璃纤维玻璃钢总厂、江苏启东冷却塔厂、江苏吴江玻璃钢总厂 7 个厂家获"质量良好企业"。1990 年和 1991 年，全国继续开展了这项工作，其检验合格率分别为 78.4% 和 80.8%。

国家质量技术监督局分别于 1990 年和 1993 年，委托国家玻璃钢制品质量监督检验中心，在全国范围内对玻璃钢冷却塔进行国家级产品质量监督抽查。1990 年抽查了 10 家企业的 10 个产品，合格率为90%；1993 年抽查了 18 家企业的 18 个产品，合格率为 44.4%，两次抽查质量状况差异较大。出现这样问题的原因是两次被抽查企业情况有些差别：第一次抽查的主要对象是曾参加过行评行检的厂家，抽查结果样品合格率较高，第二次抽查的主要对象是既没有参加过行评、第一次行检又没有被抽查过的厂家，结果产品合格率较低。通过三年行评行检、两次国家产品质量监督抽查，众多玻璃钢冷却塔生产企业对自己的产品质量状况有了一个清楚的了解和认识，从而促进了全行业产品质量的提升。

5.7　对再次引进冷却塔的思考

20 世纪 80—90 年代，距离第一次大规模引进国外冷却塔产品已经过去了将近 20 年，中国冷却塔产业已初步形成"气候"。如何再向前更进一步？国外冷却塔技术有何进步？这些都是国内用户与业界关注的问题。为此，陕西渭河化肥厂（渭河化肥）、茂名三十万吨乙烯（茂名乙烯）、辽化二十万吨聚酯（辽化）及燕化炼油厂六循扩建工程（燕化炼油），分别再次从美国马利公司引进了冷却塔。渭河化肥、辽化是全塔引进，茂名乙烯、燕化炼油是部分引进。茂名乙烯的冷却塔只引进了淋水填料、除水器及配水装置，风机、电机、风筒由国内配套；燕化炼油冷却塔除引进了与茂名相同的部分外，风机也从国外引进。

在渭河化肥引进冷却塔时，曾引起一场风波：一些国内冷却塔生产厂商把引进单位状告到国务院，经国务院调查组的详细调查，排除了诉主的主张，才使得渭河化肥引进冷却塔工程得以实施。辽化、茂名乙烯、燕化炼油的引进冷却塔的实施并未遇到阻力，操作顺利。

对再次引进冷却塔的思考：一是适当的技术引进，对中国的技术进步是一种促进。在经济全球化的时代，如果闭关锁国、故步自封，盲目实行保护主义政策，吃亏的还是自己。实践证明，这一次再引进确实给我国冷却塔业界带来了新技术。二是这次引进的冷却塔是清一色的逆流式冷却塔，可见对横流冷却塔的缺点，国外冷却塔厂商也有了新的认识。这次引进带来的吊装填料、除水器、蜗壳式配水喷头都很有新意。

从再引进事件中，我们看到了什么问题呢？一是 20 世纪 70—90 年代，国外冷却塔一直在发展、进步，新引进的技术与理念让人有耳目一新的感觉；二是国外的技术也不像宣传的那样先进，茂名乙烯冷却塔用中国标准测试，其冷却效率也只达到 87%，再加上水温的修正，冷却效率仅达到 83%；三是配水喷头适应范围很窄、水量小，配水很不均匀。

从再引进事件中，我们得到了什么启发呢？一方面，我们应该博采众长，适当引进，找差距，以提高国产冷却塔的技术水平；另一方面，我们也应自信自强，相信国产冷却塔在设计工艺上并不比国外差，因为我们已经掌握了相关技术，可以和外国人平起平坐地讨论冷却塔技术，茫然懵懂的时代已经过去。

冷却塔产业经过不断探索、创新，终于在 20 世纪 80—90 年代走向辉煌，创造了巨大的经济效益和很好的社会效益，一大批有志于冷却塔事业的工程师有了展示才艺的平台，也给改革开放的中国农村带来了发财致富的良机，给农村过剩劳动力提供了就业的机会。

第6章 挑战的21世纪

　　20世纪90年代中末期，我国冷却塔技术发展进入鼎盛期。这一时期，我国的冷却塔技术水平与国外不分伯仲，甚至有些方面还处于领先水平。然而到了20世纪90年代末，市场经济的大潮冲击着社会的每个角落，冷却塔行业也不例外。冷却塔研发人员得不到应有的尊重和待遇，个别生产厂为了降低成本偷工减料，冷却塔行业进入了无序竞争与恶性竞争的时期。冷却塔技术刚刚起步发展，又进入了徘徊的时期，一些科研成果尚未来得及全面推广就开始步入衰退期。

　　我国的冷却塔研究是以科研、设计单位的技术人员为主体，这些技术人员开始钻研冷却塔技术时只是出于工作需要与个人热情。随着市场经济的发展，单靠热情工作的时代已经过去，老一代热心于冷却塔研究设计的人员相继退休，后起的一些工程设计人员只满足于冷却塔的选用，关心冷却塔技术进步的人越来越少。

　　由于招标不规范、评标无标准、权责严重分离，以招标为资源、以评标为手段、以寻租为目的的现象层出不穷。有的标书在冷却任务热工计算上出现明显错误，但是在专家指出错误的情况下，仍能中标，这种乱象大大影响了冷却塔技术与行业的发展。廉价成了某些竞标的硬道理，无人关心技术进步，仿冒产品、以次充好、"公关"行贿成为某些竞标取胜的重要手段，关系与低价成了某些标的中标的优先条件。恶性竞争的结果，只能是降低冷却塔的质量与性能，最终吃亏的是业主。

这个时期，业主开始对冷却塔有了一知半解，也因此对冷却塔的要求越来越高。例如，有的业主竟要求除水器的逸出水率要达到99.995%，单位水量耗电量要求越低越好，使用年限要求越长越好，价格却要求越低越好。作为供货商的冷却塔制造厂只好靠吹嘘混市场。有的企业甚至把冷却塔看成聚宝盆、摇钱树，只想靠其赚钱，不愿投入资金。

进入21世纪以来，以上种种现象依然存在。冷却塔这个行业如何健康发展，是摆在每一位从业人员以及每一家企业面前的问题。与此同时，人们对冷却塔这种设备在节水、环境保护方面提出了愈加严格的要求。

6.1 发挥行业协会的作用

面对冷却塔行业的无序竞争、技术停滞、业界乱象，每一个有志于推动冷却塔行业发展的人士，无不忧心忡忡。综观冷却塔产业状况，全国的冷却塔生产企业已经相当多，冷却塔产业的直接、间接从业人员也是一支不小的队伍，冷却塔的上游（原材料生产企业）、下游（施工、安装、运行、维修、管理队伍）相关产业从业人员有几百万人，冷却塔产业已经发展成为对国家建设有很大影响的一个产业。全国每年新增冷却塔的数量，更新、维修冷却塔的数量是非常大的，需要一大批有志于冷却塔的科研、设计、产品开发、原材料生产、制造、施工、安装、调试、测试、生产运行、操作管理的技术人员与管理工作者。但是国内各工业系统冷却塔的研究、设计、应用门派林立，有着各自的行业特点，各自为政。例如，电力系统侧重于自然通风冷却塔，冷却塔的科研、设计、管理体系完备；石油化工系统侧重于机械通风冷却塔的设计与应用，系统内集中了国内一大批最早从事机械通风冷却塔设计的技术人员，有完备的学术交流体系；机械系统则以玻璃钢冷却塔的推广与应用为主。

能否建立一个平台，将冷却塔的科研、设计、制造、应用等各方力量汇集在一起，共同促进我国冷却塔技术的应用与发展呢？2003 年，西安建筑科技大学王大哲教授建议，成立一个研究冷却塔的民间学术团体，经征求业内有关人士的意见，定名为"冷却塔研究会"，隶属于中国土木工程学会水工业分会工业给水排水委员会。王大哲教授是工业给水排水委员会委员，他对冷却塔技术有着深入的研究，是《冷却塔验收测试规范》的主编人，在国内冷却塔界有着广泛的影响力。全国化工给排水设计技术中心站在国内机械通风冷却塔的设计、运行测试方面做了大量的工作，中心站当时聚集了国内一大批从事机械通风冷却塔设计与应用的工程技术人员。时任中心站站长的韩玲女士同时也是中国土木工程学会水工业分会工业给水排水委员会的秘书长，组建并负责冷却塔研究会的历史重任便落在了韩玲女士的肩上。经韩玲的努力操办，在山东莱州冷却塔风机制造有限公司的支持下，2003 年 9 月，冷却塔研究会的发起单位和人员，在烟台召开了成立冷却塔研究会的筹备会议。冷却塔研究会直接受中国土木工程学会水工业分会工业给水排水委员会的领导，遵守工业给水排水委员会的有关章程，并根据冷却塔专业的特点独立开展各项学术活动。

2004 年 6 月 28 日至 7 月 1 日，冷却塔研究会成立暨技术交流会在扬州召开。会议确立了由 15 人组成的冷却塔研究会常务理事会，国内冷却塔界知名的 17 位专家、学者组成了研究会的顾问团。大会选举韩玲女士为冷却塔研究会首任会长，西安建筑科技大学王大哲教授为执行会长。会议出版了论文集，许多国内知名的冷却塔专家在会上做了报告。图 6-1 为筹备会 16 位人员合影。

前排左起：胡三季　周长西　王　敬　王大哲　韩　玲　宫俊泽　赵顺安
后排左起：章刚锋　于　刚　张纪昶　张　勇　韩卫国　尹　证　王志成
　　　　　张建平　唐培江

图 6-1　冷却塔研究会成立筹备会人员合影

　　像这样专业的、高水平的冷却塔技术研讨会议在中国历史上是第一次举办，受到了业内人士的高度赞扬。在中国市场上活跃的国内外冷却塔及相关产品生产企业、设计院所的近 140 位代表以及国内从事冷却塔技术研究的知名专家到会（图 6-2），会上及会下共同交流了冷却塔的研究、设计、生产、使用中的技术问题。

图 6-2　冷却塔研究会成立暨技术交流会代表合影

与会代表对这次会议给予了极高的评价，认为这次会议是一次里程碑式的会议，实现了国内几代冷却塔工作者的共同心愿，搭建了一个很好的冷却塔技术交流的平台。冷却塔研究会第一届常务理事会成员见表6-1。冷却塔研究会第一届顾问团成员见表6-2。

表6-1　冷却塔研究会第一届常务理事会成员（以姓氏笔画排序）

序号	姓名	单位名称
1	于　刚	北京钢铁设计研究总院给排水室
2	马　强	工业给水排水委员会
3	王大哲	西安建筑科技大学
4	尹　证	国家玻璃钢制品质量监督检验中心
5	吴祝平	江苏海鸥冷却塔股份有限公司
6	张　勇	中国石化建设公司工厂系统室
7	张纪昶	中国华陆工程公司
8	张建平	中国成达工程公司
9	赵顺安	中国水利水电科学研究院
10	赵鸿汉	江苏玻璃钢协会
11	胡三季	国电西安热工研究院
12	胡连江	天津辰鑫石化工程设计有限公司
13	蒋梦兰	浙江联丰股份有限公司
14	韩　玲	工业给水排水委员会
15	韩卫国	洛阳石化工程公司

表 6-2　冷却塔研究会第一届顾问团成员（以姓氏笔画排序）

序号	姓名	单位
1	王　敬	天津辰鑫石化工程设计有限公司
2	王增顺	西北电力设计院
5	石震增	中国成达工程公司
4	史佑吉	国电西安热工研究院
3	付敬远	机械部第四设计研究院
6	仲伊三	中国天辰化学工程公司
7	任世瑶	上海交通大学动力系
8	刘铭镒	中国成达工程公司
9	许玉林	中国水利水电科学研究院冷却水所
10	李志悌	东北电力设计院
11	李德兴	上海科利源环保设备公司
12	杨庆端	天津市化工设计院
13	杨丽坤	中石化北京工程公司
14	张美华	中国石化建设公司工厂系统室
15	周长西	机械部第四设计研究院
16	赵振国	中国水利水电科学研究院冷却水所
17	潘　椿	化工部第三设计院（东华工程科技股份有限公司）

　　为了推进国内冷却塔制造技术的进步，2004 年 10 月 16—20 日，冷却塔研究会组织在制造商团体会员内进行了一次互访交流活动。20 多家企业的 40 人参加了互访交流活动。此次活动组织大家参观了江苏海鸥冷却塔股份有限公司、浙江联丰股份有限公司、金日实业股份有

限公司、上海良机冷却设备有限公司、上海化工机械二厂、上风实业股份公司。与会代表认真学习，六家接待企业热情好客，互访活动受到了会员单位的好评。冷却塔研究会希望通过这样的活动，在研究会成员中起到互相学习、取长补短、共同进步的作用。

2005年12月15日至12月18日，冷却塔研究会在厦门召开"2005年度冷却塔技术应用与发展研讨会"。102位代表参加了此次会议。会上，我国冷却塔领域的资深专家李德兴教授、上海交通大学任世瑶教授、中国水利水电科学研究院赵顺安主任、国电西安热工研究院电站运行技术部胡三季副所长、天津辰鑫石化工程设计有限公司王敬副总工程师、国家玻璃钢制品质量监督检验中心尹证主任等专家做了专题报告。

2006年11月1—4日，冷却塔研究会与全国化工给排水设计技术中心站联合在古城西安举办了"2006年度冷却塔技术应用与发展研讨会"。此次研讨会邀请到了很多在冷却塔领域颇有建树的专家到会做专题报告，来自冷却塔及相关产品生产企业、研究院、设计院的122位代表参加了会议。本次会议还在《工业用水与废水》杂志上出版了冷却塔专辑，中国电力顾问集团华北电力设计院的刘官郡先生，将其一生总结的冷却塔的设计经验贡献给了本次会议专辑。

2007年12月10—15日，冷却塔研究会在西安举办机械通风冷却塔验收测试培训班。40多家团体会员单位派人参加了培训班。《冷却塔验收测试规程》的主编人王大哲教授，冷却塔设计与验收测试方面的专家胡三季、陈玉玲、韩玲担任了授课老师。培训班从冷却塔测试的目的、意义、概况，冷却塔测试项目，测试仪器仪表使用方法，测试的准备工作与仪器仪表的安装方法，测试参数的收集，测试数据的计算与评价，冷却塔验收测试结果评价软件，测试例题讲解，飘滴及噪声测试等方面对学员进行了全面的培训，并解答学员提出的各种问题。

2009 年 10 月 27—30 日，冷却塔研究会与全国化工给排水设计技术中心站联合，在江西南昌召开了"2009 年度冷却塔技术应用与发展研讨会"。参加会议的有国内冷却塔研究、设计、生产企业的人员近 70 人。

冷却塔研究会自成立以来，在行业技术专家、各生产企业以及有关人士的大力支持下，开展了卓有成效的工作，多次组织学术交流、技术研讨活动，这些活动促进了冷却塔及相关产品的生产企业间、冷却塔制造企业与冷却塔用户间的交流与合作，促进了冷却塔技术的进步和发展，同时，在加强行业自律、推动公平竞争、维护市场秩序、正本清源等方面起到了积极的协调及推动作用。但作为一个三级学术社团下的一级组织，冷却塔研究会的活动受到许多限制，随着社团管理的逐步规范化，冷却塔研究会组织学术活动的合法性受到考验。

为了冷却塔研究会的进一步发展，经讨论及研究决定，自 2010 年 10 月起，冷却塔研究会办事机构（秘书处）由安徽合肥变更到北京玻璃钢研究设计院，挂靠在中国硅酸盐学会玻璃钢分会，由国家玻璃钢制品质量监督检验中心的尹证主任负责冷却塔研究会的工作。经报请中国硅酸盐学会，其同意成立中国硅酸盐学会玻璃钢分会冷却塔研究会，确定了冷却塔研究会的合法社团身份。

2010 年 12 月，冷却塔研究会在广西桂林召开峰会（与会人员见图 6-3），会议确定新增补 10 家理事单位，分别是：

（1）北京基伊埃能源技术有限公司；

（2）BAC 中国；

（3）大连斯频德环境设备有限公司；

前排左起：尹　证　刘晓梅　赖春发　李麟添　吴祝平　韩　玲　蒋梦兰
　　　　　李德兴　肖永栋　赵顺安

后排左起：马　强　许鼎盛　黑增伟　包冰国　彭　昕　管印贵　宋清福
　　　　　贺颂钧　林立邦　张育峰　张林文

图 6-3　冷却塔研究会 2010 高峰论坛

（4）上海金日冷却设备有限公司；

（5）斯必克冷却技术（苏州）有限公司；

（6）广州览讯科技开发有限公司；

（7）上海理工大学；

（8）中化工程沧州冷却技术有限公司；

（9）上海良机冷却设备有限公司；

（10）山东格瑞德集团有限公司。

　　此次会议还讨论通过了实行轮值主席制度，轮值主席从理事单位中选举产生，第一任轮值主席由常务理事单位江苏海鸥冷却塔股份有限公司总经理吴祝平担任。

　　"冷却塔研究会 2010 高峰论坛"是在国家发布我国国民经济和社会发展"'十二五'规划纲要"背景下召开的一次重要会议。会议除讨论"'十二五'规划纲要"中关于水资源及节约用水的政策导向，以及可能对冷却塔产业带来的影响外，还就有关冷却塔研究会发展的一些重大事项达成一致意见。

　　（1）通过了第二届理事会成员的提名；

　　（2）同意成立冷却塔研究会技术委员会以及顾问委员会，并初步明确入选标准和条件；

　　（3）编辑出版冷却塔研究会会刊（内部刊物，图 6-4）及建立冷却塔行业门户网站，宣传国家相关法律法规、冷却塔行业动态、冷却塔技术及其他内容，从而进一步扩大冷却塔研究会的社会影响力；

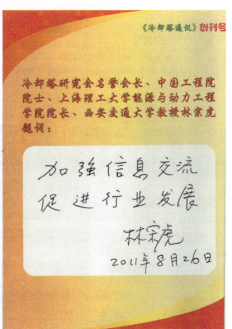

图 6-4　冷却塔研究会主办的《冷却塔通讯》

（4）公开征集冷却塔研究会会标；

（5）加强与美国冷却技术学会（CTI）的国际交流及合作。

冷却塔研究会第二届理事会组成如下：

会　　长：韩　玲

轮值主席：吴祝平

秘书长：尹　证

常务理事：（按姓氏笔画排序）

    尹　证　国家玻璃钢制品质量监督检验中心

    吴祝平　江苏海鸥冷却塔股份有限公司

    金深洋　浙江联丰股份有限公司

    赵顺安　中国水利水电科学研究院

    胡三季　国电西安热工研究院

    胡连江　天津辰鑫石化工程设计有限公司

    韩　玲　工业给排水委员会

理　　事：（按姓氏笔画排序）

    刘晓梅　北京基伊埃能源技术有限公司

    许鼎盛　BAC 中国

    李麟添　上海金日冷却设备有限公司

    宋清福　大连斯频德环境设备有限公司

    林立邦　斯必克冷却技术（苏州）有限公司

    贺颂钧　广州览讯科技开发有限公司

    章立新　上海理工大学

    彭　昕　中化工程沧州冷却技术有限公司

    赖春发　上海良机冷却设备有限公司

    管印贵　山东格瑞德集团有限公司

6.2　冷却塔研究会的转型

在尹证主任等人士的努力下，冷却塔研究会在组织形式上走上了合法化，由冷却塔研究会嬗变成中国通用机械工业协会冷却设备分会（图 6-5），活动更加规范，活动范围更广，活动内容更深。

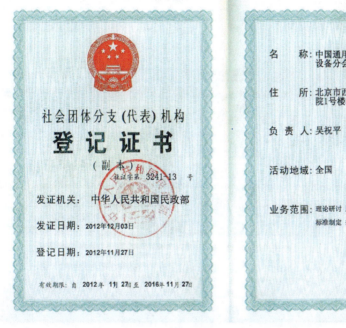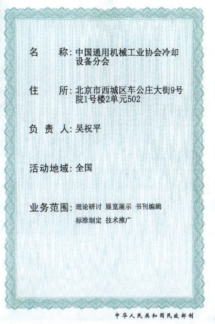

名　　称: 中国通用机械工业协会冷却
设备分会

住　　所: 北京市西城区车公庄大街9号
院1号楼2单元502

负 责 人: 吴祝平

活动地域: 全国

业务范围: 理论研讨　展览展示　书刊编辑
标准制定　技术推广

中华人民共和国民政部制

社会团体分支（代表）机构

登 记 证 书

（副　本）

登证字第　3241-13　号

发证机关: 中华人民共和国民政部

发证日期: 2012年12月03日

登记日期: 2012年11月27日

有效期限: 自 2012 年 1 月 27 日至 2016 年 11 月 27 日

图 6-5　中国通用机械工业协会冷却设备分会登记证书

2013 年 1 月 5 日，中国通用机械工业协会冷却设备分会成立暨首届会员大会在上海理工大学图文信息中心报告厅隆重召开（图 6-6）。中国通用机械工业协会常务副会长兼秘书长张雨豹、上海理工大学党委副书记刘道平出席大会并发表讲话。张雨豹秘书长介绍了中国通用机械工业的现状，指出了冷却设备分会成立的重大意义。刘道平副书

左起：金深洋　吴祝平　张雨豹　刘道平　韩　玲　肖永栋

图 6-6　中国通用机械工业协会冷却设备分会成立暨首届会员大会参会人员

记对各位代表的到来表示热烈欢迎，并表示冷却设备分会的成立将进一步推动企业与学校的联系，将为学校推进协同创新发展提供大好机遇。

冷却塔研究会名誉会长、上海理工大学制造科学与工程学院院长林宗虎院士和中国通用机械工业协会其他分会分别发来了贺信。150 多名冷却设备企业代表出席了本次大会。大会通过了冷却设备分会章程、组织工作条例和经费管理办法；选举产生了首届 17 名理事。

在稍后的一届一次理事会（部分参会人员见图 6-7）上，由中国通用机械工业协会常务副会长兼秘书长张雨豹提名，选举中国通用机械工业协会副会长、江苏海鸥冷却塔股份有限公司总经理吴祝平为理事长；选举上海金日冷却设备有限公司董事长李麟添为常务副理事长；选举浙江联丰股份有限公司总经理金深洋、斯必克冷却技术（苏州）有限公司总裁林立邦、南京大洋冷却塔股份有限公司总经理史金华为副理事长；由理事长吴祝平提名，通过尹证为中国通用机械工业协会冷却设备分会秘书长的决议。

一排左起：薛　梅　夏　进　张雨豹　吴祝平　金深洋
二排左起：王进友　许鼎盛　王伯良　赖春发　宋清福　史金华　许清亮
　　　　　章立新　林立邦　贺颂钧　尹　证

图 6-7　中国通用机械工业协会冷却设备分会一届一次理事会部分参会人员合影

中国通用机械工业协会冷却设备分会第一届理事会名单如下：

理事长：吴祝平　江苏海鸥冷却塔股份有限公司总经理

常务副理事长：李麟添　上海金日冷却设备有限公司董事长

副理事长：金深洋　浙江联丰股份有限公司总经理

　　　　　林立邦　斯必克冷却技术（苏州）有限公司总裁

　　　　史金华　南京大洋冷却塔股份有限公司总经理
理　事：（按姓氏笔画排序）
　　　　尹　证　中国硅酸盐学会玻璃钢分会秘书长
　　　　许鼎盛　BAC 中国亚太区总监
　　　　何仁兔　浙江金菱制冷工程有限公司董事长
　　　　宋清福　大连斯频德环境设备有限公司总经理
　　　　张恒钦　上海良机冷却设备有限公司董事长
　　　　赵　鹏　北京基伊埃能源技术有限公司副总经理
　　　　赵顺安　中国水利水电科学研究院水力学研究所副所长
　　　　贺颂钧　广州览讯科技开发有限公司董事长
　　　　章立新　上海理工大学研发中心主任
　　　　彭　昕　中化工程沧州冷却技术有限公司总经理
　　　　管印贵　山东格瑞德集团有限公司董事长
　　　　谭小卫　广州新菱（佛冈）空调冷冻设备有限公司总经理
秘书长：尹　证
至此，中国冷却塔行业协会诞生。

6.3　冷却塔人才队伍培养

　　冷却塔是一种通用设备，但其研究、制造、应用又是多学科的交叉，大学里没有设置相关专业，只有某些大学的一些学科将其作为研究方向。教育与应用脱节，不能满足冷却塔的科研、制造、使用之需求。鉴于此，中国通用机械工业协会冷却设备分会成立时就设置了教育培训中心，协会理事、上海理工大学章立新教授任教育培训中心主任，开展冷却设备行业人才培养和技术培训工作。

　　2013 年 10 月 28 日至 11 月 9 日，中国通用机械工业协会冷却设备分会教育培训中心组织的"第一期全国冷却设备行业专业基础培训班"在上海理工大学举办（图 6-8），由全国各地冷却设备企业选送的 15 名学员参加了为期 13 天共 7 门课程的高强度集中培训，经过考试均顺利结业。尹证秘书长和能源与动力工程学院马静波书记等参加了开班仪式和结业典礼，林宗虎院士亲自为学员讲授了"强化传热"课程。本期培训，余敏老师讲授"工程热力学"，王企鲲老师讲授"工程流体力学"，王治云老师讲授"传热传质学"，章立新老师讲授"冷却设备测控技术"，叶舟老师讲授"泵与风机"，戴韧老师讲授"汽机与水轮机"，欧阳新萍老师讲授"制冷原理与换热设备"，苏文献老师讲授"工艺系统与强度"。在为期 13 天、每天从早到晚共 9 个小时的高强度培训中，学员们始终保持着饱满的精神状态，并取得了十分显著的学

前排左起：王治云　欧阳新萍　余　敏　马静波　林宗虎　尹　证

　　　　　章立新　叶　舟　王企鲲　苏文献　张文玲

后排左起：严　亚　王　柳　李　永　丁耀斌　蔡华夏　杨　林　李双鹤

　　　　　陈　旷　任　超　李子龙　范建文　王双喜　李幸福　欧阳戬

　　　　　颜美娟　刘婧楠

图 6-8　第一期培训班学员及部分老师合影

习效果。除了听课、实验，学员们还参观了位于上海理工大学国家大学科技园的"热力与制冷系统节能节水及环保技术协同创新平台暨产学研联盟"，了解产学研模式和已经取得的成果。

2013—2021 年，中国通用机械工业协会冷却设备分会共举办了 5 期培训。2013 年为第一期基础班，2015 年和 2017 年分别为第一期和第二期专业班。之后，将基础班与专业班合并为综合培训班，5 期培训班共培训学员 180 名，充实了冷却塔行业的人才队伍。

6.4   对外交流访问

2014 年 6 月中旬，在斯必克冷却技术（苏州）有限公司上海分公司、BAC 中国的大力支持下，中国通用机械工业协会冷却设备分会代表团一行 20 人，在吴祝平理事长、尹证秘书长的带领下，对斯必克冷却技术公司、BAC 中国的美国总部进行了友好交流访问。其间，还与 CTI 的部分高级管理人员进行了交流与沟通。在斯必克冷却技术公司，代表团人员与该公司的技术专家、市场开拓负责人、全球技术及研发负责人就互相关心的一些问题进行了交流与互动，参观了公司的山洞实验室，观摩了冷却塔性能测试平台、填料、风机、收水器、喷头、结构材料等冷却塔整体性能与核心部件的研发情况及部分项目的试验演示。在 BAC 公司，该公司领导介绍了公司的发展历程、新产品开发情况等，双方就新型闭式塔的经济性、节能及环境的相关性、市场前景等问题进行了深入的探讨。之后，代表团参观了 BAC 公司研发中心和新产品展示厅。

2015 年 7 月，吴祝平理事长带领部分理事，前往美国佛罗里达州的坦帕市，访问 CTI 理事会（图 6-9），列席了 CTI 理事会的部分会议；与 CTI 主席及各委员会负责人进行了深入的交流与沟通，详细了解其组织结构、营运方式、标准管理及认证工作的开展情况。

2016 年 4 月下旬，CTI 主席弗兰克·米歇尔（Frank Michell），史蒂夫·查卢普卡（Steve Chaloupka），秘书长维基·曼瑟（Vicky Manser），及市场委员会负责人弗兰克·莫里森（Frank Morrison）访问中国，在上海与中国通用机械工业协会冷却设备分会吴祝平理事长，李麟添、贺颂钧、徐志刚、赵俊山副理事长，尹证秘书长及部分理事，就双方关心的问题进行了交流和沟通，并参观了几家冷却塔企业。图 6-10 为 CTI 代表访问中国时与协会理事会成员合影。

图 6-9　协会代表访问美国同行时与 CTI 董事会成员合影

图 6-10　CTI 代表访问中国时与协会理事会成员合影

6.5　冷却塔技术的发展

经过 20 世纪七八十年代的大量引进、国外冷却塔公司与国内冷却塔公司合资、国外独资公司入驻国内等阶段，我国的冷却塔研究与制造也在不断进步，经历了从模仿到逐步取得独立的整体知识产权的阶段。许多冷却塔制造企业也不再是单纯的模仿，而是建立起自己的试验装置，获得独立的知识产权。在此期间，国外的冷却塔研究一直没有中断，尤其在海水冷却、填料的热工性能改善、风机的性能优化及新型配水等方面均做了大量的研究工作。随着材料与加工技术的进步，冷却塔的一些部件的加工也发生了翻天覆地的变化。

1. 新塔型不断涌现

进入 21 世纪以来，国内几个主要电力设计院会同北京大学、浙江大学、中国水利水电科学研究院等科研高校、院所，在大型、超大型冷却塔，海水冷却塔，排烟冷却塔，以及间接空冷塔等塔型的工艺和结构设计方面进行了大量的技术研究，取得了丰硕的成果并成功用于工程设计。

（1）超大型湿式逆流自然通风冷却塔

2000 年，由华东电力设计院设计，在上海吴泾电厂建成了为 600 MW 机组配套的逆流自然通风冷却塔，淋水面积为 9 000 m²，高度为 141 m。

2006 年，由西南电力设计院设计，在重庆珞璜电厂建成了为 600 MW 机组配套的逆流自然通风冷却塔，淋水面积达到 10 000 m²，高度达到 160 m。

2006 年，由西北电力设计院设计，在山东邹县电厂四期工程建成了为 1 000 MW 机组配套的冷却塔，淋水面积达到 12 000 m²，高度达到

165 m，见图 6-11。

图 6-11　邹县电厂淋水面积为 12 000 m² 的冷却塔

（2）超大型湿式排烟冷却塔

江苏徐州电厂（图 6-12）、河北三和电厂、天津东北郊电厂、天津军粮城电厂等均取消了用于锅炉排烟的高烟囱，改为利用高大的冷却塔排烟，建设了排烟冷却塔，其中江苏徐州电厂所建的排烟冷却塔淋水面积为 12 000 m²、塔高为 167.16 m、底部直径为 141.814 m、单塔循环冷却水量为 103 600 m³/h。一座冷却塔可以同时满足一台 1 000 MW 机组循环冷却水和锅炉排烟的需要，为目前我国最大的湿式排烟冷却塔。

图 6-12 江苏徐州电厂排烟冷却塔塔外排烟管

天津军粮城电厂两台 350 MW 供热机组取消了烟囱，配置了两座淋水面积各为 5 000 m² 的逆流自然通风冷却塔，其中一座塔用于两台机组排放脱硫后的净烟气兼循环水冷却，另一座塔专用于循环水冷却。两座塔高均为 110 m，底部直径均为 87 m。天津军粮城电厂排烟塔外部、内部见图 6-13、图 6-14。

（3）超大型自然通风间接空冷塔

21 世纪，在我国西北、华北、内蒙古等缺水地区建设的火电厂有许多采用空冷塔。例如阳城电厂、宝鸡第二发电厂、水洞沟电厂、左权电厂、宁东电厂等均采用了间接空冷塔，其中阳城电厂配单机容量 600 MW 机组的空冷塔零米以上塔高为 150 m，零米直径为 134.544 m，进风口高为 26 m，环基直径为 137.126 m。见图 6-15。

国电英力特宁东 2×330 MW 机组热电联产工程，两台机组及甲醇项目共用一座间接空冷塔，塔高为 180 m，环基直径为 155.902 m，见图 6-16。该塔于 2012 年 5 月建成，是当时我国最高的冷却塔。

图 6-13　天津军粮城电厂排烟塔外部

图 6-14　天津军粮城电厂排烟塔内部

图 6-15　陕西阳城电厂配 600 MW 机组间接空冷塔

图 6-16　宁东 2×330 MW 机组热电联产工程间接空冷塔

（4）多用途自然通风间接空冷塔

国内部分电厂的一些间接空冷塔也同样采用了烟塔合一的方案，而且还把烟气的脱硫吸收塔也布置在空冷塔内，节省了烟气脱硫装置和烟囱的占地。

陕西宝鸡第二发电厂扩建工程的 2×660 MW 机组取消了烟囱。每台机组配一座间接空冷塔（图 6-17），利用塔内中央区域的空地布置烟气的脱硫吸收塔和排烟装置。该塔是我国国内第一个采用烟塔合一的间接空冷塔，塔零米以上高 170 m，进风口高 27.5 m，环基直径为145.292 m。

图 6-17　陕西宝鸡第二发电厂烟塔合一的间接空冷塔

华能陕西秦岭电厂扩建的两台 600 MW 机组各自配套一座集循环水冷却、锅炉排烟和脱硫三位一体的自然通风间接空冷塔，塔高为 179.8 m，塔零米直径为 128.3 m，环基直径为 131.512 m。2011 年 12 月 26 日正式投入运行，见图 6-18、图 6-19。

图 6-18　秦岭电厂空冷排烟塔外观

图 6-19　秦岭电厂空冷排烟塔内部

　　山西山阴电厂煤矸石综合利用发电工程建设规模为 2×300 MW 机组，两台 300 MW 机组共用一座间接空冷塔，在塔内中央区域的空地布置烟气的脱硫吸收塔和排烟装置。塔高为 160 m、环基直径为 160 m。该塔已于 2011 年投入运行，是目前我国塔体直径最大的间接空冷排烟塔。见图 6-20。

图 6-20　山西山阴电厂煤矸石综合利用发电工程间接空冷塔

　　2021 年，国家能源集团胜利电厂建成了由华北电力设计院设计的间接空冷塔（图 6-21），塔高为 225 m，是我国目前最高、最大的空冷塔，也是目前世界最高的冷却塔，比之前印度保持的世界纪录 202 m 还高出 23 m。该塔的特点是采用"两机一塔、五塔合一技术"，在塔内布置脱硫除尘一体化系统、烟气提水系统、湿式静电除尘器系统、排烟系统。该塔具有节约用地、降低工程造价和节约运行费用等优势。该塔于 2021 年 7 月 22 日得到吉尼斯世界纪录官方认证，并颁发了"最高的冷却塔"世界纪录证书。

图 6-21 国家能源集团胜利电厂"五合一"间接空冷塔

（来源：国家能源集团官网）

（5）钢结构冷却塔

2021 年 1 月，上海庙电厂 1 号间接冷却塔顺利封顶。作为目前世界上最大的钢结构冷却塔，同时也是全国首例在百万级机组中采用的全钢结构冷却塔，其主体结构由"锥体 + 展宽平台 + 圆柱体 + 加强环"四部分组成，共 18 层，总高为 190.2 m。见图 6-22。

（6）超大型高位收水冷却塔

发电机组单机容量逐渐增大，与之匹配的逆流式自然通风冷却塔的淋水面积和塔高也随之增大，塔的进风口高度和配水高度也随之增加，导致循环水泵的静扬程和耗电量也随之增加。20 世纪 70 年代末，法国阿尔斯通公司和比利时哈蒙冷却塔公司设计研究提出高位收水的冷却塔。

高位收水冷却塔取消了常规的逆流式自然通风冷却塔底部的集水

图 6-22　上海庙电厂钢结构冷却塔

（来源：国家能源集团官网）

池，冷却后的循环水被安装在紧靠淋水填料底部的收水斜板和收水槽
（图 6-23）收集后，汇流到集水槽和集水井，经压力输水管再输送到循
环水泵房的高位吸水井中。

图 6-23　高位收水冷却塔填料底部的收水斜板和收水槽示意图

高位收水冷却塔与常规的自然通风冷却塔相比，具有以下优点：

第一，可以减少 40% ~ 45% 循环水泵的供水静扬程（图 6-24），从而可节省 25% ~ 30% 的电费。

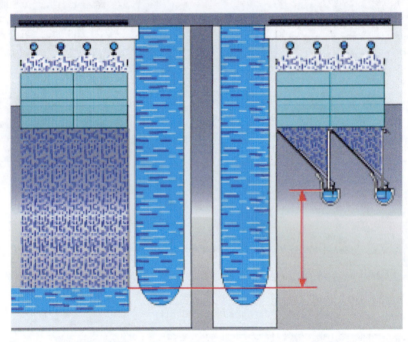

常规冷却塔   高位收水冷却塔

图 6-24　高位收水冷却塔降低循环水泵静扬程示意图

第二，可明显降低淋水噪声。由于减小了水滴降落高度，并且可以在高位收水装置的收水斜板表面敷设一层吸音垫，可明显减小下落水滴撞击集水池水面而产生的噪声。与常规的自然通风冷却塔相比，可降低 10 ~ 15 dB（A）的淋水噪声。

但高位收水冷却塔也有缺点，具体如下：

第一，由于有了高位收水装置，取消了冷却塔的集水池，使得常规的自然通风湿式冷却塔淋水填料底部至集水池之间的尾部冷却高度减小。失去了这部分微弱的冷却能力，需要适当增加淋水填料的高度来弥补，从而增加了淋水填料的投资。

第二，由于增加了高位收水装置，增加了塔进风口与淋水填料之间的通风阻力；由于淋水填料高度增加，淋水填料区间的通风阻力也增加了，与常规的冷却塔相比，高位收水冷却塔需要适当增加进风口高度以降低进风口阻力，同时还需要增加塔筒高度来增加塔的抽力，从而增加了塔的投资。

第三，由于增加了高位收水装置，也就增加了塔的投资。

综上所述，高位收水冷却塔的造价较常规冷却塔高 20% ~ 25%。

由于大型火电机组和核电机组的循环水量非常大，耗费的电能也非常大，高位收水的逆流式自然通风冷却塔对于大型火电机组和核电机组而言仍具有极大的优越性。

早在 20 世纪 80 年代中后期开始至 2008 年，法国已陆续有 CRUAS（4×900 MW）、BELLEVILLE（$2 \times 1\,300$ MW）、NOGENT（$2 \times 1\,300$ MW）、CHOOZ-B（$2 \times 1\,450$ MW）等核电厂的 10 台核电机组采用了逆流自然通风高位收水冷却塔。

我国第一座高位收水冷却塔由西北电力设计院设计，1995 年在陕西蒲城电厂（2×330 MW 机组）建成，当年冬季试运行，见图 6-25、图 6-26。每台机组配一座淋水面积为 $4\,750\ \mathrm{m}^2$ 的高位收水冷却塔，塔高 131.5 m，进风口高 10.3 m。1996 年正式投入运行。

21 世纪初期，西南电力设计院承担了重庆万州电厂（$2 \times 1\,050$ MW 机组）的设计任务，华北电力设计院承担了安徽安庆电厂（$2 \times 1\,000$ MW 机组）的设计任务。两个电厂的循环水冷却塔经技术经济比较后确定

图 6-25　蒲城电厂高位收水塔收水、集水槽

图 6-26　蒲城电厂高位收水塔收水、集水槽和收水斜板

采用哈蒙冷却塔公司推荐的高位收水冷却塔。哈蒙公司提供冷却塔的设计方案及塔内的全部部件，包括配水管及安装附件、喷溅装置、PVC 淋水填料、填料托架及悬吊系统部件、除水器及安装附件、收水斜板、防溅器、缓冲挡水板、防晃系统、玻璃纤维增强塑料 U 形收水槽及悬挂系统等相关材料设备。两个冷却塔的施工图结构设计分别由我国西南电力设计院和华北电力设计院完成。冷却塔内的各种部件安装施工由我国金坛塑料厂承担。万州电厂冷却塔内的部件安装工作于 2014 年 5 月开工，当年 11 月底竣工。安庆电厂冷却塔内的部件安装工作于 2014 年 11 月开工，2015 年 5 月中旬竣工。两个塔的塔内部件施工安装工程均顺利通过哈蒙公司的验收确认。施工过程中对哈蒙公司原设计不合理的部分，金坛塑料厂提出了修改建议，这些建议均得到了哈蒙公司的认可。

万州和安庆两个电厂的高位收水冷却塔的竣工投产运行，显示出高位收水冷却塔的节能优势，国内其他一些待建的大容量机组火电厂也纷纷计划建设高位收水冷却塔。

为了降低高位收水冷却塔的造价，必须使塔内部件国产化。

2014 年，由西南电力设计院、中国水利水电科学研究院冷却水所、常州金坛塑料厂组成研究开发小组，在常州金坛塑料厂内建立了高位收水冷却塔试验装置，开发试验了适用于循环水水质为淡水和海水的 U 形玻璃钢收水槽、UPVC 收水斜板、防浪板、一次性成型 PP 防溅器、玻璃钢穿柱以及防漏装置等产品。以上产品均通过了部级评审和鉴定。

2014 年至 2016 年，金坛塑料厂还获得了中国国家知识产权局授权的七项产品的"实用新型专利证书"，其专利名称分别为《高位收水冷却塔多功能集水槽》《电厂高位收水冷却塔防溅截水导流装置》《高位收水冷却塔插片拼装式防溅格栅》《高位收水冷却塔蜂窝状防溅降噪器》《高位收水冷却塔柱体防渗引流结构》《三角斜面消音防溅降噪器》《一种高位收水冷却塔内穿柱托盘贴柱缝隙密封结构》。

图 6-27 所示为金坛塑料厂自建的高位收水冷却塔试验装置。

图 6-27 金坛塑料厂自建的高位收水冷却塔试验装置

2016—2021 年，江苏金坛塑料厂又完成了山东寿光、安徽庐江、江西瑞金、贵州黔西、阜阳华润二期、湖北襄阳（宜城）等电厂的高位收水冷却塔的国产化全部塔芯备件材料供货和安装工程，均得到业主好评。见图 6-28、图 6-29、表 6-3。

图 6-28　山东寿光电厂超大型高位收水冷却塔

图 6-29　江西瑞金超大型高位收水冷却塔（运行中）

表 6-3　金坛塑料厂供货塔芯材料和施工的高位收水冷却塔主要参数

电厂名称	机组容量 / MW	塔淋水面积 / m²	塔零米直径 / m	塔高 /m	单塔水量 / (m³·h⁻¹)
重庆万州	2×1 050	13 000	140.3	191.0	96 537
安徽安庆	2×1 000	12 500	137.5	189.0	104 580
山东寿光	2×1 000	12 800	140.884	190	99 304
贵州黔西	1×660	7 800	115.336	151.1	64 589
安徽庐江	2×660	9 500	126.85	185	71 532
江西瑞金	2×1 000	13 000	142 252	193.791	103 284
阜阳华润	2×660	9 000	121.04	164.309	68 400
湖北襄阳	2×1 000	12 800	138.8	194.5	96 385

注：1. 万州和安庆两个工程的塔芯材料均为哈蒙公司供货，金坛厂仅负责塔芯材料和设备的安装施工；

2. 寿光和庐江两个工程，金坛厂仅供货和施工高位收水装置；

3. 其余四个工程的塔芯材料由金坛厂供货和施工安装；

4. 除万州和安庆两个工程外，其余六个工程的高位收水冷却塔设计单位分别为：西北电力设计院（山东寿光）；西南电力设计院（贵州黔西）；华北电力设计院（安徽庐江）；华东电力设计院（江西瑞金）；华东电力设计院（阜阳华润）；中南电力设计院（湖北襄阳）

（7）海水冷却塔

海水冷却塔以海水作为冷却介质和补充水的冷却塔，其特点是冷却介质的含盐量高，具有一定的腐蚀性。对于我国沿海淡水缺乏的城市，更适合采用。

我国对大型海水冷却塔（与 1 000 MW 级机组配套）的工艺研究于 2006 年 10 月完成，涉及了海水冷却塔的热力特性、塔型优化、塔内配风配水和塔芯材料等方面，目前在我国沿海地区，大型海水冷却塔已相继投建。

2009 年，浙江宁海电厂为 1 000 MW 机组配套的淋水面积为 13 800 m^2 的海水冷却塔投入运行。塔的高度达 177.2 m，塔零米直径为 142.3 m。该塔采用国内首创的"海水二次循环"技术，实现"温排水"的零排放，开创了我国海滨电厂海水冷却之先河，是目前我国淋水面积最大的湿式冷却塔，保持着中国和亚洲自然通风冷却塔的规模和高度之最的纪录，见图 6-30。之后建成的天津北疆电厂为 1 000 MW 机组配套的海水循环冷却塔淋水面积为 12 500 m^2。

图 6-30　浙江宁海电厂海水冷却塔
（来源：国家能源集团官网）

（8）干湿联合型冷却塔

干湿联合型冷却塔充分利用空气冷却和蒸发冷却的换热优势，可以实现干湿联合运行。在设计停止喷淋水温度点以上，蒸发冷却为换热主体，空气冷却为辅助，大部分热负荷由蒸发冷却承担；停喷温度点以下，空气冷却为换热主体，蒸发冷却为辅助，大部分热负荷由空气冷却承担，蒸发冷却可停水干运行，达到循环水冷却过程的节水、节能、节约运行费用的目的。干湿联合型冷却塔适用于工业循环水闭式冷却系统，尤其适用于干旱、缺水地区；适用于冶金、钢铁、电力、化工、煤化工、纺织（化纤、印染）、制药、造纸、多晶硅等行业。

21 世纪，我国西北、华北、内蒙古等缺水地区新建或改建的化工、电力项目中，有许多都采用干湿联合型冷却塔，如山西信发化工厂、甘肃高台化工厂、内蒙古酸刺沟电厂。其中，由隆华科技集团（洛阳）股份有限公司承建，位于海拔 1 300 m 的山西信发化工厂 60 MW 汽轮机组配套干湿联合型冷却塔，单台处理水量为 2 000 m³/h，见图 6-31。

图 6-31　山西信发化工厂干湿联合型冷却塔

[来源：隆华科技集团（洛阳）股份有限公司]

（9）机械通风消雾节水冷却塔

机械通风消雾节水冷却塔在完成冷却塔冷却能力的同时，又兼备消除风筒出口羽雾和节水的功效。产品形式主要有两种，一种是以美国马利公司为代表的冷凝模块形式的消雾节水冷却塔，另外一种是以比利时哈蒙公司为代表的翅片换热器形式的消雾节水冷却塔。两种产品形式各有特点。机械通风消雾节水冷却塔产品的技术相对稳定，基本都是在这两种技术形式的基础上进行的延伸。机械通风消雾节水冷却塔作为一种环保型产品，已被广泛应用于石化、电力、冶金等工业领域。

江苏海鸥冷却塔股份有限公司是国内较早研发机械通风消雾节水冷却塔的企业，神华宁煤化工厂、山东济宁焦化厂、上海奉贤电厂、东莞宁州电厂、上海天马垃圾处理厂、上海宝山再生能源利用中心均采用该公司消雾节水冷却塔产品。其中，神华宁煤消雾塔项目（图6-32）整体采用玻璃钢结构，单塔处理水量为 4 000 m³/h，是早期空冷

图 6-32　神华宁煤烯烃二期消雾节水冷却塔

（来源：江苏海鸥冷却塔股份有限公司）

翅片管与玻璃钢结构完美结合的成功案例。河北丰南钢铁厂、连云港石化产业基地、河北玉星食品加工厂、上海嘉定污水厂、上海宝山冷轧厂、湖北金澳化工厂则采用了冷凝模块形式的消雾节水冷却塔。上述消雾节水冷却塔项目很多都采用了降噪技术，如上海天马垃圾处理厂的降噪水平达到了《工业企业厂界环境噪声排放标准》（GB 12348—2008）1 类标准。

进入 21 世纪，冷却塔除了要满足热力性能要求以外，在节水与消雾方面也有了更高的要求。

2010 年后，受雾霾影响，民众与政府有关部门对冷却塔排出的冷凝水蒸气提出了更高的要求，消雾型冷却塔应运而生。我国首次投入运行的消雾型冷却塔是美国马利公司的，随后，国内一批企业开发了消雾型冷却塔，代表性的企业有江苏海鸥冷却塔股份有限公司、中化工程冷却技术有限公司、山东蓝想环境科技股份有限公司。一些公司开发了具有自主知识产权的环保消雾型冷却塔，取得了较好的应用效果。图 6-33 所示为江苏海鸥冷却塔公司消雾塔研发原型机。

2. 冷却塔风机多样化

2000 年之前，我国工业冷却塔用风机主要由上海化机二厂、保定螺旋桨制造厂、莱州风机厂三家企业提供。从 20 世纪末开始，涌现了一些合资、独资的冷却塔风机供应商，其中代表性的冷却塔风机制造商有豪顿华工程有限公司、威海克莱特菲尔风机股份有限公司等。

早期的大型轴流风机叶片多采用板片式，或用手糊玻璃钢成型，或用钢板、铝板压成圆弧成型，可靠性差，易损坏。2001 年，威海克莱特菲尔风机股份有限公司研制出机翼型中空铝合金叶片，运行平稳、结构牢固，沿用至今。2005 年以后，压铸铝叶轮、拉挤玻璃钢机翼型

图 6-33　江苏海鸥冷却塔股份有限公司消雾塔研发原型机

叶片、双铰接零弯矩结构大型轴流叶轮、真空灌注大型叶轮等被相继研发，进一步促进了风机、减速机的技术发展。

3. 冷却塔部件加工的变化

随着材料加工技术的进步，冷却塔的一些部件的加工也发生了很大的变化。

风筒和维护面板是冷却塔的重要组成部分，以往都是手糊玻璃钢制品，工厂操作环境差，产品精度不够，边角废料多，质量不稳定，运输安装麻烦。2005 年，北京玻璃钢研究设计院研发了连续挤拉成型的拼装式玻璃钢面板，并应用于国家图书馆、梅兰芳大剧院的冷却塔产品中；2013 年，北京天澄景洁环保科技有限公司的模压式风筒问世，解决了手糊玻璃钢风筒存在的一些问题。

4. 冷却塔新专著陆续出版

进入 21 世纪，冷却塔方面的新专著陆续出版：

赵振国著《冷却塔》(修编本)，中国水利电力出版社，2001 年出版；

朱林、沈保罗编著《火电厂噪声治理技术》，中华文化艺术出版社，2005 年出版 (本书重点阐述了机械通风和自然通风冷却塔的噪声及治理措施)；

赵顺安著《海水冷却塔》，中国水利电力出版社，2007 年出版；

朱月海、朱江、周光平、陈济东、管平平编著《循环冷却水》，中国建筑工业出版社，2008 年出版；

李晨生、张庆编著《冷却塔运行维护与检修》，中国电力出版社，2014 年出版；

赵顺安著《冷却塔工艺原理》，中国建筑工业出版社，2015 年出版。

这些专著的出版为从事冷却塔研究、设计、教学及运行管理工作人员开阔了眼界、增长了知识、提高了水平和能力，是很好的学习和参考资料。

5. 技术标准编制

进入 21 世纪以来，国内有关单位与机构对冷却塔方面的标准规范进行了完善与填平补齐工作。

设计标准：

《石油化工循环水场设计规范》（GB/T 50746—2012）；

《工业循环水冷却设计规范》（GB/T 50102—2014）；

《机械通风冷却塔工艺设计规范》（GB/T 50392—2016）；

《湿式冷却塔高位收水装置技术要求》（DL/T 1983—2019）；

《高位收水冷却塔设计规程》（T/CSEE 0146—2020）。

产品标准：

《机械通风冷却塔　第 1 部分：中小型开式冷却塔》（GB/T 7190.1—2018）；

《机械通风冷却塔　第 2 部分：大型开式冷却塔》（GB/T 7190.2—2018）；

《机械通风冷却塔　第 3 部分：闭式冷却塔》（GB/T 7190.3—2019）；

《湿式冷却塔塔芯塑料部件质量标准》（DL/T 742—2019）；

《消雾节水机械通风冷却塔》（T/CGMA 1001—2021）。

验收测试标准：

《冷却塔淋水填料、除水器、喷溅装置性能试验方法》（DL/T 933—2005）；

《工业冷却塔测试规程》（DL/T 1027—2006）；

《消雾节水型冷却塔验收测试规程》（T/CECS 517—2018）；

《间接空冷塔测试规程》（T/CECS 680—2020）；

《间接空冷塔空冷散热器传热元件试验规程》（T/CECS 681—2020）。

运行维护标准：

《火力发电厂湿式冷却塔运行维护导则》（DL/T 1968—2019）。

管理标准：

《节水型产品通用技术条件》（GB/T 18870—2011）；

《冷却塔能效限定值、能源效率等级及节能评价值》（DB31/T 414—2008）；

《民用冷却塔节水管理规范》（DB11/T 1770—2020）。

6.6　冷却塔企业的大发展

到了 21 世纪，我国的冷却塔制造业随着时代的进步得到了快速发展，如大浪淘沙，有的企业在市场经济的大潮中倒下了，而新的、起点高的企业又不断涌现、不断进步。

最令冷却塔业界自豪的是江苏海鸥冷却塔股份有限公司。自 1997 年 12 月 18 日以整体变更方式设立江苏海鸥冷却塔股份有限公司以来，该公司国内业务不断壮大，国际业务也飞速发展。2013 年，江苏海鸥冷却塔股份有限公司在马来西亚设立了全资子公司——海鸥冷却技术（亚太）有限公司（以下简称"海鸥亚太"）作为境外业务拓展平台。2014 年 9 月，海鸥亚太与 TRUWATER 签订了"合作框架协议"，通过马来西亚 TRUWATER 公司和中国台湾太丞，将业务范围拓展至东南亚及我国台湾地区。2017 年 12 月 1 日，海鸥亚太在泰国曼谷设立分公司。江苏海鸥冷却塔股份有限公司充分利用海鸥亚太、中国台湾太丞和 TRUWATER 等平台，积极开拓国际市场，先后承接了埃及 Beni Suef 联合循环电站项目、马来西亚国家石油公司炼油石化一体发展项目、美国 Lordstown 能源中心联合循环电站项目、科威特国家石油公司 ZOR 炼化项目、波兰国营石油公司 Plock 联合循环电站项目、沙特阿拉伯 SABIC（IBN SINA POM）项目、土耳其 Can Komur A.S 公司电厂项目等一系列国际项目。自 2012 年中国通用机械工业协会冷却设备分会开始统计冷却塔数据以来，在国内机械通风冷却塔厂商中，江苏海鸥冷却塔股份有限公司产销量一直排名第一。2017 年 5 月 17 日，江苏海鸥冷却塔股份有限公司成为国内首家也是目前唯一一家上市的冷却塔生产企业，成为行业翘楚。

还有以中化工程沧州冷却技术有限公司、隆华科技集团（洛阳）股份有限公司、广东览讯科技发展有限公司、湖南元亨科技股份有限公司、山东蓝想环境科技股份有限公司、大连斯频德环境设备有限公司等为代表的一些企业，它们利用后发优势，近年来呈现出飞速发展的势头，冷却塔的生产制造能力在国内名列前茅。以斯必克冷却技术（苏州）有限公司、BAC 中国、益美高（上海）制冷设备有限公司等为代表的外商独资企业也稳步发展。

结　语

　　我国冷却塔产业，自 20 世纪 50 年代以来不断探索、创新、发展，在 80—90 年代走向辉煌，创造了巨大的经济效益和很好的社会效益，一大批有志于冷却塔事业的研究人员和工程设计人员有了展示才艺的平台。冷却塔产业也给改革开放的中国农村带来了发财致富的良机。

　　我国冷却塔制造业从无到有、从有到强走过了半个多世纪。作为一种通用的节能、节水设备，冷却塔必将在国民经济发展、环境保护中起到越来越大的作用。我国冷却塔制造业的路还很长，还需要从机制上解决一些问题，从技术上进一步发展。

　　从机制上来说，目前，国内冷却塔行业拥有超过百家生产厂商，但是生产规模差异较大，技术水平参差不齐，行业集中度相对较低，市场竞争较为激烈。因而需要建立公平、公正的竞争机制，尊重知识产权，保证研发者的合法权益。

　　从技术上来说，我们应该博采众长，加强自有知识产权技术的研发，提高国产冷却塔的技术水平。今后还要加强冷却塔淋水填料、除水器、配水喷头、风筒、配水管内件的研究；加强高强度、耐腐蚀、长寿命、低价格、易加工的新材料的研究与应用；加强节能方法、防冻方法、运行调度等方面的研究；加强防雾型冷却塔、干湿式冷却塔、干式冷却塔、浊水冷却塔等新塔型的研究；加强海水冷却塔风机、减速机的研究。

展望未来，冷却塔的应用将会更为广泛，不仅能用于排除废热，还能应用于空气清洁等诸多方面。冷却塔工业将面临诸多挑战。在这些挑战面前，冷却塔行业的从业人员应不断努力和创新，精益求精，为冷却塔技术发展与应用做出新的贡献。